AF144823

Fritz Bergmann

Der gefegte Keller

Eine arme Kindheit im armen Westen

Wenn ein Mensch Sozialhilfe beziehen muss, bleibt seine Würde auf der Strecke.

Wir waren und blieben ewige Bittsteller.

Wenn Sie so wollen, war ich bestens auf meinen persönlichen Abstieg und auf die Treppe, die nach unten führt, „vorbereitet".

Und manchmal träume ich sogar davon, wieder arm zu sein.

Der Autor wurde 1963 in Gelsenkirchen geboren und lebt heute mit seiner Familie in einem anderen Bundesland. Diese Autobiografie wurde zur Wahrung von Persönlichkeitsrechten und zum Schutz Dritter unter dem Pseudonym „Fritz Bergmann" aufgeschrieben.

Fritz Bergmann

Der gefegte Keller

Trotz allem,
für meine Mutter

Weisheit

„Geben Sie niemals, niemals, niemals auf".

Winston Churchill,
britischer Staatsmann
(1874-1965)

Inhaltsverzeichnis

Zu Beginn

Es ist wieder so weit. Ich spüre ihn und ich fühle ihn. Dieser Schmerz, der nicht mehr vergehen wird. Jener Schmerz, der mich mein Leben lang begleiten will. In diesen Tagen trifft er mich abermals mit Gewalt, dringt tief in meine Gedanken, in mein Herz ein und erfasst meinen ganzen Körper. Er bringt mich in Wallung, versetzt mich in Unruhe und lässt mich, je älter ich werde, öfter und nächtelang nicht schlafen. Einen Schmerz, den ein Arzt, eine Ärztin, wenn man sie befragen wollte, nicht sofort erkennen, geschweige denn, gleich diagnostizieren könnten. Ein Schmerz, der alle meine Glieder erfasst, der einen rasenden Kopfschmerz verursachen und mein Herz, im negativen Sinne, ungesund schnell schlagen lassen kann, ist dann zu hundert Prozent präsent. Für ihn, diesen besonderen SeelenSchmerz, gibt es keinen ICD-Code im Katalog der Krankheiten. Der Schmerz, dieser furchtbare Stoß in meine Seele, diese gemeine Verletzung, kann mich, von einer Minute auf die andere, mit Übermacht erfassen. Er kriegt und bekommt mich klein. Sprachlos lässt er mich zurück. Ich kann es nicht ändern.

Mich ihm verweigern, ja, womöglich versuchen ihn zu ignorieren, doch diese meist sinnlosen Überlegungen bringen mir nichts ein und sind deswegen von vornherein zum Scheitern verurteilt.

Mehrfache, eingeübte und oft praktizierte, spezielle Atemübungen für diese besondere Art der Anfälle, ein Zulassen der Gedanken, sich mit schönen Dingen beschäftigen wollen, ausgesuchte, auf den Typ und dem Problem angeblich passgenaue, heilende Musik oder Klangtherapien, helfen mir in diesen Momenten keinen Zentimeter weiter. Bin ich erst einmal von dieser einen strittigen, zwischenmenschlichen Begegnung, einer Reportage im Fernsehen, einem Podcast, einem Interview im Radio, einem Aufruf oder einem Appell in der Tageszeitung zu dem Thema „Sozialhilfe" erfasst, sind alle guten Vorsätze dahin. Nichts kann mich retten. Ich verfalle in einen Strudel von diffusen Gedanken, der mich kollabieren lässt. Fiktiv hisse ich die weiße Fahne und hoffe, dass der Albtraum recht bald vorübergeht. Was ich erst lernen musste, mir aber sehr hilft, ist die Möglichkeit, alles aufzuschreiben. Die unberechtigten Vorwürfe, Falschmeldungen, irrige und unsauber recherchierte Angaben, die ich für mich selbst im Detail zerlege, mir selbst beweise, dass die übergestülpten Gedanken nicht notwendig sind.

Genauer, dass sie überflüssig, besser, dass sie teilweise ganz einfach falsch sind.

Bin ich ein Masochist? Liebe ich diese Art von Schmerzen, provoziere ich sie geradezu? Hege und pflege ich, seit Jahrzehnten, ein selbstverletzendes Verhalten (SVV)? Will ich mir selbst wehtun, wenn ich Bücher von Kindern „der jüngeren Armen-Generation", eine „Sozialhilfe-Biographie", wie zum Beispiel: „KEIN Pausenbrot, KEINE Kindheit, KEINE Chance" von Jeremias Thiel, das „Säufer-Drama", „Ein Mann seiner Klasse" von Christian Baron, mehrfach lese oder mir den Film nach der Jugendromanvorlage, „Die grosse Flatter" von Leonie Ossowski, zum x-ten Mal ansehe? Sehe ich mich dort als Protagonist verankert, durchlebe ich meine Kindheit, nahezu zwanghaft, immer wieder von Neuem? Werde ich hierdurch bestätigt, was mich seit gut einem halben Jahrhundert, 50 lange Jahre, nicht loslässt?

Vor lauter Ungerechtigkeit explodieren – wie so oft in meinem Leben –, will ich nicht mehr. Das bin ich nicht und es steht mir nicht gut zu Gesicht. Und so möchte ich Ihnen davon erzählen, berichten, was mich so sehr quält, mich betroffen macht und mich leider noch, allzu oft, traurig zurücklässt. Darüber möchte ich schreiben.

Mein subjektives Eingeständnis mir selber gegenüber lautete jahrelang:

„Ich komme von unten.
Nach oben habe ich es nicht geschafft".

Zumindest schaffe ich es nicht mental, dieses Übel objektiv einordnen und abheften zu können. Die Schublade, in die ich alles hineinlegen, den Schlüssel dafür abziehen und anschließend in den Rhein werfen könnte, habe ich nicht gefunden.

Der Schmerz, von dem hier die Rede sein wird, ist im engeren, medizinischen Sinne, gar kein Schmerz. Jedenfalls nicht organisch. Lassen Sie das nicht einen gut ausgebildeten Facharzt für psychosomatische Medizin und Psychotherapie hören. Wenn Sie diesen Satz in einer möglichen, ersten Therapiestunde aussprechen wollten, würde es zugleich Ihre letzte dort sein, falls bei Ihnen Bedarf bestehen sollte. Mein Wort darauf.

Dieses Buch entsteht in einer Zeit, einer Zeitenwende, einer Zäsur, in dem wieder Krieg in Europa herrscht. Mit all seinen Erniedrigungen, dem Tod von Soldaten und unschuldigen Zivilisten, Fluchten nach innen und nach außen sowie bitterer Armut, die die Menschen in der ehemals, landschaftlich schönen Ukraine, gerade überfährt. Neben diesem Krieg, vielen Berichten, Live-Übertragungen, niederschmetternden Tagesmeldungen, wird gerade im privaten Fernseh-Sender RTL Deutschland, eine erneute Spendenaktion „für arme Kinder" in Deutschland ins Leben gerufen, die trotz dieser Tragödie im Osten unseres gemeinsamen Europas, ebenfalls ihr Schicksal, in dem oft zitierten „reichen Deutschland", bewältigen müssen. „Sie dürfen nicht vergessen werden", trotz aller Kriegswirren, so der Tenor. Kinder, die gemeinsam mit ihren Eltern vom gesetzlich festgeschriebenen Existenzminimum leben müssen. Und wie immer, werden die armen Kinder ohne Anführungszeichen geschrieben bzw. beschrieben.

Kinder, die in Armut und deswegen überwiegend und somit zwangsweise mit Sozialhilfe aufwachsen, sind seelisch gefangen und eingesperrt. Sie können sich nicht dagegen wehren. Sie können nichts ändern, einzig sich anpassen. Sie haben nichts anderes kennen gelernt. Sie laufen unter dem Radarschirm mit. Kinder, die nicht frei aufleben dürfen, machen sich rar, sind still, sind leise, wollen nicht auffallen, sind niemals aufmüpfig oder frech. Am liebsten ist es ihnen, mitlaufen zu können, ohne auffallen zu müssen. Am schönsten wäre es, wenn man durch sie durchschauen könnte.

Sie waren, sind und werden eine Randgruppe in dieser Gesellschaft bleiben, mit ihren Verletzungen, nachhaltigen Störungen, mit dem *von Zuhause nicht auf das Leben vorbereitet sein*. Sie werden alleine gelassen, so lange die ohnehin nur kleine Lobby still und leise bleibt. Die meisten schauen zu. Ich weiß, was es heißt, ein Sozialhilfe-Kind sein zu müssen. Bei mir dauerte diese Unterwerfung, dieses *Auf mich herabsehen lassen müssen*, *dieses unausgesprochene Mitleid* mir gegenüber, *dieses Flüstern darüber*, über das ich am liebsten hätte laut schreien wollen, lange 18 Jahre. Die These, dass die Gesellschaft dazu neigt, Unangenehmes auszublenden, bestätigt sich bei diesem Thema. Den Menschen und ihren Schicksalen müsse ein neues Gesicht gegeben werden, so der Tenor des neuesten Aufrufs. Die Tafeln rufen laut in das Land hinein, bitten um Sach- und Geldspenden, brauchen die Hilfe vieler Menschen, um diese schrecklichen Umstände bewältigen zu können. Nachdem ich alle diese Informationen tief aufgesaugt hatte, mich mit ihr verbrüderte, mir diesen Schuh erneut anzog, erreichte mein Schmerz aus dem Stand, auf der nach oben offenen Schmerzskala für Armut, die 10.

Andere Stimmen stehen diesem besonderen, heute stärker als früher, skeptisch bis gleichgültig gegenüber. An ihnen prallen Appelle der Arbeiterwohlfahrt, des paritätischen Gesamtverbandes, dem Deutschen Roten Kreuz, den Tafeln in Deutschland und viele unzählige, andere soziale Einrichtungen und karitative Organisationen, die bemüht sind, die Armut in der Bevölkerung zu lindern, ab. Diese Menschen fragen nicht nach den Hintergründen, *wieso, weshalb, warum*. Für sie sind Menschen, die Sozialhilfe beziehen, ihrer eigenen und oft beleidigenden Wortwahl nach, „alle das gleiche Pack, das für alles zu faul ist". Ich werde nicht müde, diesen Ansichten zu widersprechen. Eigenartig. Die vielen hunderte Millionen Euro und vom Staat pro Monat vorgeschossenen Unterhaltsleistungen an Mütter mit ihren Kindern, sind dagegen häufig nur ein Kavaliersdelikt". Dabei mokiert sich niemand laut. Die Väter, die ihrer Zahlungspflicht nicht regelmäßig nachkommen und die oben beschriebenen Sozialhilfe-Kritiker, können wohl alle mit dieser Lösung, *dass sich da nichts tut*, gut leben.

Meine eigene, „persönliche Armut", begann am 17. Juni 1963. An diesem ehemaligen Feiertag, Tag der Deutschen Einheit, zur Erinnerung an der Niederschlagung des Aufstandes der Arbeiter und Arbeiterinnen auf der Stalinallee in Ost-Berlin, DDR, wurde ich in Schalke, mit dem Status *Arm*, geboren.

Bevor Sie, verehrte Leserinnen und Leser, gedanklich darüber stolpern, wie man denn in Schalke geboren sein kann, wo doch sonst nur Fußball gespielt wird, fahre ich kurz mit einem Intermezzo über meine Geburtsstadt Gelsenkirchen fort. Sie kann am wenigsten etwas dafür, wie und wo ich aufwachsen musste, auch wenn sie, seit Jahrzehnten, Pate für das Synonym Armut, stehen muss. Und wie es scheint, diesen Titel so schnell nicht verlieren wird; bestimmt wäre sie dazu sofort bereit.

Was bedeutet schon Heimat...

Ich bin ein echter Schalker!

Gelsenkirchen ist eine Großstadt im zentralen Ruhrgebiet in Nordrhein-Westfalen mit rund 255.000 Einwohnern und sehr vielen Stadtteilen. Man kann sie kaum alle aufzählen. Das Bundesland Nordrhein-Westfalen (abgekürzt: NRW), liegt ganz im Westen der Bundesrepublik Deutschland. Seine Nachbarländer sind schon die Königreiche Belgien und die Niederlande. Nordrhein-Westfalen selbst liegt zwischen den Großgewässern Rhein und Weser. Gelsenkirchen wiederum zwischen den Fließgewässern Emscher und Lippe. Sie ist eine kreisfreie Stadt im Regierungsbezirk Münster und gehört zur Metropolregion Rhein-Ruhr. Andere sagen „im Revier" dazu, die nächsten „mitten im Pott".

Wie, Sie dachten, dass Schalke nur ein Fußballverein sein kann? Keine Sorge. Die wenigsten Menschen wissen das. Zum „Malocher-Stadtteil" Schalke, gibt es interessante Geschichten. Sie wären in bester Gesellschaft, wenn es um die „Standortfrage Schalke" ginge. Denn, als Professor Berthold Beitz, damals aus Hamburg kommend, 1953 seinen Dienst in Essen an der Ruhr als Generalvollbemächtigter bei Krupp antrat, hielt er den „Bochumer Verein" – ein ehemaliger Stahl- und Zechen-Montankonzern – noch für einen Fußballklub.

Der Bochumer Fußball-Verein hieß dagegen schon immer „VfL Bochum" und liegt gleich neben Gelsenkirchen. „Auf Schalke" wird heutzutage in der Veltins-Arena, im Gelsenkirchener Stadtteil Buer, gespielt. Früher wurde dort, gleich nebenan, im Schalker Feld, zwischen den Stadtteilen Erle, Buer und Schalke gelegen, im Parkstadion, Profi-Fußball, gespielt. Dieses Stadion war auch Austragungsort für Spiele bei der Weltmeisterschaft 1974 und der Europameisterschaft 1988. Davor wurde im Ortsteil Schalke auf der Glückauf-Kampfbahn, auf dem ehemaligen Zechengelände von Consolidation („Consol"), gekickt. Offiziell hieß sie eigentlich „Kampfbahn Glückauf". Dort spielte früher Ernst Kuzorra und der wurde bereits 1954, als „Schalker Knappe", Fußball- Weltmeister in Bern.

Was bedeutet denn eigentlich Glückauf?

Glückauf ist der deutsche Bergmannsgruß. Alternativ können Sie es auseinander schreiben: „Glück auf!". Möchten Sie es aber als Gruß verwendet wissen, wird Glückauf stets zusammengeschrieben. Er beschreibt die Hoffnung der Bergleute, *es mögen sich Erzgänge auftun*. Es ist eine Einkürzung der längeren Grußformel: „Ich wünsche Dir <u>Glück</u>, tu einen neuen Gang <u>auf</u>".

Kurze und technische Erklärung: Beim Abbau von Kohle und Erzen, gleich in welcher Form, ließ sich ohne die Suche und Erkundung von neuen, vorher unbekannten Rohstoff-Lagerstätten, nach geologischen, geophysikalischen oder geochemischen und bergmännischen Methoden nur unsicher vorhersagen, ob die Arbeit der Bergleute überhaupt zu einem Lohn führen würde. Viel früher hieß diese Arbeit noch „Schürfen".

Weiterhin wird mit diesem Gruß der Wunsch für ein gesundes Ausfahren aus dem Bergwerk nach der Schicht verbunden. Franz Müntefering zum Beispiel, der SPD-Politiker mit der „Sauerländer Volksschule", beendet heute noch stets den Abschluss seiner Reden mit einem „Glückauf". Andere trauen sich oder finden es wieder chic, ihre E-Mail-Signatur mit einem „Glückauf" zu zieren; andere beenden sie heute „mit königsblauen Grüßen" oder „mit freundlichem Glückauf", wenn sie aus dem Ruhrgebiet kommen, mehr als eine moderne Renaissance daherkommend. Jetzt nicht lachen: Es gab einmal ein eigenes Bier mit dem schönen Namen „Glückauf-Bier". Gebraut wurde es damals im Stadtteil Ückendorf. Im 19. Jahrhundert konnte man Aktien dafür erwerben. Warum hieß es „Glückauf"? Da wurde bloß der Bergmannsgruß als Markenname genommen.

Meine Fußball-Idole waren Reinhard „Stan" Libuda („an Gott kommt nur einer vorbei"), Klaus Fischer, Rüdiger Abramczik, „die Kremers-Zwillinge" und viele andere Sport-Helden. Samstagnachmittags: Liveübertragung im Radio-Sender des Westdeutschen Rundfunk (WDR) in Köln am Wallrafplatz, aus den Fußball-Stadien mit den Hörfunk- und Sport-Reporter-Legenden, Manfred „Manni" Breuckmann und Werner Hansch. Sie waren damals „die Stimmen des Westens". Ich höre noch heute ihre beiden, eindringlichen und mitreißenden Kommentare, am Mikrofon. An diesen Tagen konnte ich durch diese beiden Fußballverrückten Herren meinen großen Stars etwas näher sein. Geld für einen Stadionbesuch war nicht drin, abgesehen vom dem nicht einmal vorhandenen Fahrgeld für die Straßenbahn, „hoch" nach Gelsenkirchen-Buer. Herr Hansch ist zwar „nur" in Recklinghausen geboren, aber Ende der 1970er Jahre einmal der Stadion-Sprecher vom FC Schalke 04 gewesen. Daher rührte wohl auch immer dieselbe Frage an ihn persönlich: „Ey, Werner, sach mal, bis Du ein Schalker?". Herr Breuckmann ist inzwischen Rentner und isst jetzt zufrieden und wahlweise seine Erbsensuppe in Düsseldorf oder seine Tortilla de patates auf Mallorca.

„S04" war, ist und bleibt ein Mythos und wird für viele Fans stets eine Religion, mindestens für den einen oder anderen, ein vollständiger Lebensinhalt bleiben. Das war so, ist so, bleibt so. Wenn man samstags bei Heimspielen die Kurt-Schumacher-Straße, Richtung Buer hochfährt, und sieht, wie viel Vorfreude und gute Stimmung am „Schalker Haus", auf der „Schalker Meile", schon Stunden vor dem Spiel herrscht – so etwas gibt es nur in Schalke.

Das „Schalker Haus" stellen Sie sich bitte ruhig einmal mit blau-weißen Fahnen und blauweiß gefärbten und stramm gespannten Betttüchern, „voll geflaggt", vor. Und wenn ich heute bei Sportübertragungen im Fernsehen die Schalker Fangesänge höre und das Lied: „Steht auf, wenn ihr Schalker seid!", angestimmt wird, fühle ich mich noch immer persönlich angesprochen. Ich dürfte ja mit aufstehen! Warum heißt der Fußball-Verein Schalke „04"? Ganz einfach, der Verein wurde 1904 gegründet. Das heutige Gelsenkirchener Stadtwappen, das auch als Großfahne immer „Auf Schalke" mit geschwenkt wird, wurde der Stadt im Jahre 1928 aus Anlass der im Zuge der preußischen Gebietsreform erfolgten Zusammenlegung der Städte Gelsenkirchen und Buer mit dem Amt Horst verliehen.

1954 bekam die Stadt Gelsenkirchen das neue Stadtwappen von der Landesregierung von Nordrhein-Westfalen genehmigt.

Kein Scherz: Die grünen Schäl-Erbsen, die Teller-Linsen und Perl-Graupen, für einen leckeren Eintopf, kommen auch aus Schalke. Schauen Sie beim nächsten Lebensmittel-Einkauf einfach mal im Hülsenfrüchte-Regal auf die Rückseite der Verpackungen von der Firma Müller`s Mühle; die mit dem abgebildeten „Müller-Männchen".

Gelsenkirchen Anfang 1970, damals noch „die Stadt der tausend Feuer". In der Stadtmitte, die „WEKA". Ausgeschrieben: Westfalen-Kaufhaus. Eine Welt für sich. Eigentlich „das KaDeWe in Ge", nur in Miniaturausgabe. „Das Original", das Kaufhaus des Westens (KaDeWe), steht seit 1907 in Berlin-Schöneberg. Das WEKA – in „Revier-Sprache" heißt es übrigens: „die" WEKA – war seit seiner Öffnung im Jahre 1912, stets den Jahreszeiten entsprechend, auf das Neueste dekoriert. Zwar von allem etwas weniger als auf dem Kurfürstendamm, dafür aber ebenfalls auf Weltschau-Niveau! Unser Ku`damm war die Bahnhofstraße, inklusive der Kinderbetreuung an den langen Samstagen vor Weihnachten, damit die Eltern in aller Ruhe ihre Weihnachtseinkäufe einholen konnten.

Da hatten die Menschen in dieser Stadt mehr Arbeit und noch mehr Geld zum Einkaufen, als heute. Damenoberbekleidung, Spielwaren, Ausstattung für Wohnzimmer, komplette Kinderzimmer- Einrichtungen, Schuhe, Mäntel für den Winter, Drogerieartikel, Essen und Trinken, Wolle, Strickgarn und Knöpfe, alles, was das Herz begehrte. Ganz zu Beginn dieses Konsum-Tempels, Anfang des 20.Jahrhunderts, gab es dort sogar einmal einen Orient-Teppich-Saal. Im Restaurant – mit Bedienung und ab nachmittags mit musikalischen Darbietungen sowie dem lokal berühmten „Tanz-Tee" – gab es den beliebten, aber auch zugleich preiswerten „WEKA-Teller": Schnittchen, belegt mit Tomatenvierteln und zwei Ei-Hälften für drei D-Mark. Wenn wir dort – ausnahmsweise – den Teller einmal bestellt hatten, wurden wir drei immer alle satt davon. Ansonsten ging es ganz hoch in die oberste Etage, in die Lebensmittel-Abteilung mit Steh-Imbiss. Die Tische hatten noch zwei Ess-Platten. Eine oben, eine darunter für Kinder. Dort aßen wir unregelmäßig zu Mittag; für jeden von uns eine Tagessuppe mit Eierstich für 30 Pfennige, pro Portion. Das Tagesbrötchen dazu kostete zehn Pfennige extra. Insgesamt somit 1,20 D-Mark für drei Personen. Ich sehe und höre heute noch den Herrn Fahrstuhlführer: „Zweiter Stock, Herrenoberbekleidung, Hüte und Mäntel, Stoffe und Vorhänge!".

Fünfter Stock, „Erfrischungshalle mit Unterhaltungsmusik!" – Und das mehr laut gerufen, als leise gesprochen. Der holzverkleidete Personenaufzug glänzte mit seinen vielen Messingknöpfen und -stangen um die Wette und der Herr, der ihn stolz bediente, hatte nur noch einen Arm. Er war ein Kriegsversehrter und trug eine graue Uniform mit Krawatte und eine Schirmmütze mit dem Logo von der WEKA. Für mich, als kleiner Junge, war so ein Herr damals noch eine echte Respektsperson. Nun sind die allermeisten Kriegsversehrten schon lange tot. In meiner Jugend prägten sie, diese vom Krieg psychisch sowie physisch zerstörten Menschen, das Stadtbild maßgeblich mit. Das ehemalige Westfalen-Kaufhaus ist übrigens bis heute, ein wunderschönes Gebäude als Karree wirkend und direkt in der Innenstadt, auf der Bahnhofstraße, stehend. Es gehörte einst der Familie Alsberg, aus Hagen in Westfalen. Die Familie wurde von den Nationalsozialisten enteignet und ermordet. Heute können leider nur noch Stolpersteine an diese furchtbare Tragödie und wechselhafte Geschichte dieses Hauses erinnern, das einst mit der Namensgebung „Warenhaus Gebrüder Alsberg" begonnen hatte.

Etwas später kam sogar einmal Willy Brandt zum Bundestags-Wahlkampf für die SPD in die Sporthalle, „Am Schürenkamp", nach Schalke.

Der Wahlkampf-Slogan hieß damals „Willy wählen", (Willy-Wahlen). Ich war mit meiner Mutter dort. Willy Brandt bekam von den Gelsenkirchenern Genossen ein Ferkel geschenkt. Es soll ihm dann im anschließenden Endspurt tatsächlich noch das nötige Glück gebracht haben. Herr Brandt blieb Kanzler.

Die Stadt Gelsenkirchen hat viele berühmte Söhne und Töchter. Geboren wurden hier zum Beispiel Harald zur Hausen, der Nobelpreisträger von 2008 für Physiologie. Rudolf Rempel, der Chemiker, der das bekannte Einmachglas zum Patent anmeldete. Auch die ehemaligen „Schalker Knappen" und Fußball-Nationalspieler Manuel Neuer und Mesut Özil, beide Fußball-Weltmeister 2014 geworden. Olaf Thon, Fußball-Weltmeister von 1990 und viele andere aus diesem Verein, ferner der Film- und Theaterschauspieler Martin Wuttke sowie der Filmregisseur Heinrich Breloer (Film: „Die Manns"). Nicht zu vergessen, Joy Gruttmann, das kleine Mädchen, das 2004 mit dem originellen „Schnappi-Song" (das Krokodil), die Charts eroberte sowie den populären Schriftsteller Klaus-Peter Wolf mit seinen Ostfrieslandkrimis – kennen Sie, als Kriminalromanleser gewiss. Alles Kinder der Stadt Gelsenkirchen. Wer hätte das gedacht.

Kürzlich habe ich in einem parodistischen Buch über Gelsenkirchen gelesen, das die „Zonen-Gabi" (eine fiktive Person), nach Gelsenkirchen gezogen ist und heute im Gelsenkirchener Stadtteil Ückendorf lebt. Das w a r die lustige Sächsin, die das Magazin „Titanic", gleich nach der Wende, mit einer geschälten Salatgurke abgebildet hatte. Titelbild: „Meine erste Banane".

Freud und Leid: Zwar musste das Gelsenkirchener Bergwerk, „Zeche Dahlbusch", am 20.Mai 1950 eine gewaltige Schlagwetter- und Kohlenstaubexplosion bewältigen (78 Bergleute starben leider bei diesem Unglück), aber es war auch zugleich der Startschuss für die Gründung eines deutschen Blutspendedienstes. Das Deutsche Rote Kreuz (DRK) hatte damals, nach diesem schrecklichen Grubenunglück, diesen Dienst im staatlichen Auftrag aufgebaut. Bis dahin mussten Blutkonserven stets aus Frankreich herangeschafft werden. Im Mai 1952 fand der aller erste, offizielle Blutspendetermin, in Deutschland statt, in Gelsenkirchen. Es gab gleich 95 freiwillige Blutspender, unter ihnen waren viele Bergleute.

Zu guter Letzt: Die letzte Zeche, „Prosper-Haniel" hat am 21. Dezember 2018 in Bottrop geschlossen. „Schicht im Schacht" für die meisten Kumpel und damit wirklich für immer.

Eine ganze Region hat nun mit ihrer über einhundert Jahre alten Tradition gebrochen. Dem Abbau von Stein-Kohle. Es sind viele Tränen geflossen.

Wie geht das allgemeine Leben in dieser Großstadt weiter? Sie ist, nach wie vor, vom Niedergang der Kohle und der darauffolgenden, zwangsläufigen Arbeitslosigkeit in den letzten Jahrzehnten, über alle Maßen, davon geplagt. Optimismus treffen Sie deshalb dort leider nicht an jeder Straßenecke an. Aber die Menschen halten durch. Sie sind von Ehrlichkeit und Aufrichtigkeit geprägt. Gute Menschen, „das Herz auf der Zunge" und immer gerade heraus. Manchmal „ein bisschen zu direkt", dafür sehr sympathisch. Und wenn Sie sich irgend wann einmal mit einem Menschen unterhalten, der aus dieser Region stammt, werden Sie viel von „Dingenskirchen" hören. Das ist ein Synonym, eine Art Ersatzwort für alles, wenn einem das richtige Wort nicht gleich einfällt, über das man reden möchte; ganz egal, worum es gerade gehen mag.

In der Summe kann man sagen, dass sich die Bürgerinnen und Bürger dieser gebeutelten Stadt, hier in bester Gesellschaft zu einander bewegen. Sehr schön, ein weiter, breiter Grüngürtel, rund um diese schöne Stadt, ist inzwischen auch angelegt worden.

Ich selbst fand mein persönliches Glück leider nicht an diesem „von Staub, Kohle und Schweiß" geprägten Ort, sage und schreibe trotzdem immer noch gerne „Glückauf!".

Zitat

**„Geld verloren, wenig verloren,
Ehre verloren, viel verloren,
Mut verloren, alles verloren".**

Alfried Krupp von Bohlen und Halbach,
letzter Alleininhaber der Friedrich Krupp
AG in Essen an der Ruhr
(1907-1967)

Die Scheidung meiner Eltern

1964 haben sich meine Eltern scheiden lassen. Die Schuldfrage, die es damals noch gab, konnte ich leider nicht klären. Ich weiß, dass meiner Mutter die Unterhaltsforderung wohl sehr, sehr wichtig war. Mein Vater kam dieser Pflicht nicht nach. Und wenn nichts da ist, wovon soll die Familie dann leben? Vor diesem Problem stand nun unsere kleine Familie, wie so viele andere Familien heute noch.

Was kann man tun? Arbeiten gehen, Richtig! Das ist einfacher gesagt, als getan. Wie sollte meine alleinerziehende Mutter Arbeit finden? Wie hätte sie sich einen Broterwerb sichern können, von der sie die Kalt- und Nebenmiete bezahlen und das allgemeine Leben mit zwei kleinen Kindern bestreiten können? Wir, als die Babyboomer, erinnern uns, die Eltern waren die Kriegs-Generation und somit blieben sehr viele, gerade auch junge Menschen, ohne richtige Schul- und Berufsausbildung nach dem Ende des Zweiten Weltkrieges zurück. Meiner Mutter blieb nur der sogenannte Volksschulabschluss. Das darf und soll keine Entschuldigung sein, beschreibt es jedoch das Gesamtbild vieler persönlicher Schicksale, die es in den Anfangsjahren dieser noch recht jungen Republik gegeben hatte.

Der Wirtschaftsaufschwung, noch aus den späten 1950er Jahren kommend und die Anfänge der 1960er Jahren mit prägend, konnte leider nicht jeden einzelnen mit auf seine Erfolgsreise nehmen. Meine Mutter wäre bestimmt gerne aufgesprungen, wenn sie gekonnt, wenn man sie gelassen hätte. Da dieser Wunsch nur Traum blieb, ging sie dann, 1964, ganze 33 Jahre jung, vielleicht selbst etwas ratlos, zum Sozialamt, um nach Unterstützung zu fragen. Damit begann das Elend meiner Familie.

Wir waren zurückgeblieben, zu dritt, ganz allein. Den Familien meiner Mutter und meines Vaters waren wir offensichtlich egal. Ich habe niemanden von diesen Menschen in Erinnerung. Es gibt nicht ein einziges Foto von meinem Vater und seiner Familie. Seinen Familiennamen haben wir dennoch getragen. Meine Mutter sogar bis heute – wie so viele Frauen damals –, eigenartig. Dabei ist der Geburtsname meiner Mutter ein schöner Name und lautet wie eine große und auch heute noch sehr bekannte, frühere LKW-Marke. Ihn hätte ich gerne getragen.

Auch hatten meine Schwester und ich keine familiären Paten an unserer Seite, die uns beide ernsthaft hätten begleiten wollen.

Die Kirche, mit ihren beiden Konfessionen, auch in unserem Stadtteil vertreten, habe ich nicht wahrgenommen. Von dort kam keiner vorbei. Niemand hat sich blicken lassen oder aber meine Mutter hatte sie nicht hereingebeten. Verschwommen kann ich mich noch an einen entfernten Großonkel, namens Arthur und seine Frau Almut, eine Großtante mütterlicherseits, erinnern. Von diesen Herrschaften konnten meine Schwester und ich wohl auch nichts erwarten, außer vielleicht einmal eine Tafel Schokolade („aber schön teilen!").

Keine Fotografien, keine gemalten Portraits, keine Erzählungen. Ich weiß von dem alle nichts. Das tut weh. Woher meine Familie mütterlicherseits kommt, weiß ich nicht, woher meine Familie väterlicherseits herstammt, erst recht nicht. Wie gerne hätte ich einen Opa und eine Oma gehabt; geschweige denn Urgroßeltern. Die wichtige Frage „Wer bin ich und wo komme ich her?", konnte ich in meinem bisherigen Leben nicht klären.

Somit blieb nicht die Großtante Almut, sondern nur die Armut als Patin übrig. Aber dafür blieb sie hartnäckig an mir kleben und der „Goldene Westen" war für mich, wie so viele Bürger früher in der ehemaligen DDR glaubten, eben doch nicht gold-, nicht silber-, nein, noch nicht einmal bronzefarben.

Postskriptum

Meine Mutter hatte uns ihre drei Geschwister, einen Bruder und zwei Schwestern, unterschlagen, wohl schon lange vor unserer beider Geburt, vergrault. Wie dem auch sei. In den 1980er Jahren habe ich dann doch noch eine echte Tante, mütterlicherseits, ausfindig machen können. Mit dieser Frau verband mich eine schöne Freundschaft, bevor sie leider, viel zu früh, verstarb. Gerne denke ich an die Besuche bei ihr im baden-württembergischen Schwetzingen, gleich bei Heidelberg gelegen, zurück. Meldete ich mich zu Besuch an, war Saison, gab es natürlich die „Original Schwetzinger Spargel-Cremesuppe" zum Mittagessen. Der Bruder meiner Mutter war Polizist. Das muss man sich einmal vorstellen, was das für ein stolzes Gefühl für mich gewesen wäre, einen echten Kommissar als Onkel gehabt haben zu dürfen.

Heute weiß ich nicht nur so vieles besser; auch kann ich damit besser leben. Eine kühle, emotionslosere, gesunde Distanz zu all diesen Geschehnissen und zu meiner Familie helfen mir dabei. So manches wird doch von Generation zu Generation weitergetragen, ohne das darüber gesprochen wird. Das persönliche Leid für alle Betroffenen ist nicht zu messen, schon gar nicht von außen.

In Schalke zu Hause, noch ohne Klo

Bis Ende 1970 wohnten wir in Schalke. An das Mietshaus in der Herbertstraße werde ich mich immer erinnern. Es stammte noch aus dem 19.Jahrhundert und lag direkt am Sportzentrum, „Am Schürenkamp", gegenüber, wo man früher noch herrlich bolzen konnte. Dunkel, muffig, feucht, schlecht riechend. Da nutzte auch der berühmte, wöchentliche Bohnerwachs-Einsatz nichts. Für mich roch alles alt. „Ist ein Altbau", wie man früher abschätzig sagte. Wie habe ich allein schon die Toilette auf dem Flur gehasst. Sie war für jeweils vier Parteien bestimmt gewesen. Eisig kalt im Winter, stickig heiß im Sommer und mit äußerst unangenehmen Gerüchen im Angebot. Natürlich ohne Heizung. Hartes Klopapier gab es selten. Die verspeckte und durchgelesene Zeitung, da sie von allen Parteien zuvor geteilt und von hinten bis vorne durchgelesen wurde, kam später in kleine Zettel geschnitten, auf der Toilette an und dann als Toilettenpapier weiter missbraucht. Die elektrischen Leitungen hingen direkt außen an der Hauswand. Vom Hof her bellte, gefühlt 24 Stunden lang und heiser ein Schäferhund, Tag ein, Tag aus. An einer langen Eisenkette, quer über den Hof gespannt. Tierquälerei. Die Menschen hatten andere Sorgen.

Wie war unsere, kleine, bescheidene und vom Sozialamt Gelsenkirchen bezahlte Zweizimmer-Wohnung eingerichtet? Im ersten, vorderen Zimmer, das mit der direkten Eingangstür zum Hausflur – permanent zog es dort –, stand eine Bettcouch, ein kleines Bücherregal – ein paar Groschenromane lagen darin –, eine alte Stehlampe. Der Schirm hatte einen Stoffbezug; daneben stand ein kleiner Schrank. Die Küche selbst bestand nur aus einer Spüle mit zwei Plastikschüsseln. In der einen Schüssel haben wir das Geschirr gespült und in der anderen Schüssel hat uns unsere Mutter gewaschen. Natürlich kein Kühlschrank. Hatten damals nur die reichen Leute, so wollte es mir meine Mutter weis machen. Da diese Menschen von vornherein für mich unerreichbar bleiben sollten, habe ich das so hingenommen. Kühlungsbedürftige und damit zugleich leicht verderbliche Lebensmittel kamen auf die Fensterbank oder in den Keller. Es war kein Keller im herkömmlichen Komfort-Sinne. Kein helles Licht, kein glänzender Boden und mehr eine Art Labyrinth. Kurz, schmutzig, nass und dunkel. Funzeln dienten als Lichtwegweiser. Im zweiten Zimmer stand ein schon älteres Eltern-Schlafzimmer und am Fußende stand eine Bettcouch, mit einem nach oben gebogenen Kopfteil, auf der ich jahrelang schlafen musste. Meine Mutter und meine Schwester teilten sich das alte Ehebett.

So lebten wir jahrelang, auch als wir endlich, später, in eine Neubauwohnung ziehen durften.

Einmal in der Woche wurden meine Schwester und ich im öffentlichen, städtischen Waschhaus, gewaschen. Ich rieche das „Fichtennadel-Sprudelbad" nach wie vor. Natürlich nur eine halbe Tablette, wohlgemerkt für drei Personen. Wie immer war bei uns Sparsamkeit angesagt, auch in der Badewanne auf Zeit. Die Einrichtung des Waschhauses war innenwandig größtenteils aus Holz, überall Nebelschwaden und die Luft feuchtschwül, ähnlich einem tropischen Regenwald. Dazu gehörte eine ewig schlechtgelaunte, korpulente Frau. Sie war mit einer beigefarbenen, weißen, riesigen und dem Bauchumfang angepassten Gummischürze eingekleidet und mit einem großen, breiten Wischer ausgestattet. Stets marschierte sie den Flur rauf und runter und vergab die einzelnen Waschkabinen in einem lauten Kasernenton. Von Privatsphäre keine Spur, nur soweit dahingehend, dass hinter uns dreien die Tür für eine Stunde zugemacht werden konnte, als wir die Waschkabine betraten. Die Zeit lief schon beim Auskleiden. Nach meiner privaten Scham als kleiner Junge wurde ich nicht gefragt. Meine Schwester auch nicht. Traumatisiert worden bin ich dort dennoch nicht, gehe ich doch heute noch immer gerne in die Sauna.

Ferner kann ich mich an folgende Straßensze-
nen genau erinnern, als ob es erst gestern gewesen wäre: Die „Kumpel" – das ist der Begriff
für den ehrenhaften Beruf eines Bergmannes
–, diese Arbeiter haben sich immer, rechtzei-
tig vor dem Schichtbeginn, zum gemeinsamen Fußmarsch zur Zeche (zum Bergwerk) ein-
gefunden („auf Schicht gehen"). So kamen sie
früh morgens aus allen Straßen aus dem
Ortsteil Schalke zusammen, um dann gemeinsam zur Zeche „Consolidation" zu marschieren. „Consol", wie das Steinkohlebergwerk
auch liebevoll von den Kumpels gerufen wurde, hatte vielen Bergleuten im Revier und gerade in den beiden Gelsenkirchenern Stadtteilen, Bismarck und Schalke-Nord, „Lohn und
Brot" gegeben. Wie die Arbeitsanzüge ra-
schelten, wie der berühmte Henkelmann klap-
perte, das war eine Essensdose mit Besteck,
wie die festen, harten Arbeitsstiefel auf dem
Asphalt klackten, wie die Grubenleuchten, auf
dem Helm sitzend, schon leuchteten, als es
noch dunkel war. Alles das höre und sehe ich
heute noch. Kennen Sie den besonderen,
aber auch zugleich originellen Alt-Beruf des
Bier-Kutschers? Die Geräusche dazu werden
immer in meinen Ohren klingen. Den großen
Wicküler-Wagen – die Wicküler-Brauerei
war einmal eine führende Marke aus dem
Bergischen Land; teilweise waren noch Pfer-
de eingespannt, einige bereits motorisiert.

Es wurde ein schweres, vom ganzen Kohlen-staub verdrecktes Lederkissen, direkt auf den Bürgersteig hinuntergeworfen. Darauf ließen sie dann die Fässer fallen. Egal ob jemand vorbei kam oder auch nicht. „Hömma, hier kommt auch dein Pilsken!", so haben sie sich dann im feinsten Ruhrpott-Dialekt für den hochgewirbelten Kohlenstaub entschuldigt. Wie schon gesagt, aber auch nur vielleicht.

Den Milchladen mit seiner großen Nestle-Leuchtreklame hatten wir schräg gegenüber unseres Mietshauses. Dort gab es ausschließ-lich Milchprodukte. Joghurt, Käse, Quark und lose, in großen Quadern, aufgestellt. Es wurde alles ausgewogen, dann in Fettpapier eingewi-ckelt und es gab dort viel Milch. Von mir getra-gen mit diesen schönen Milchkannen, Trage-griff aus Hartplastik. Ich sehe den lieben Herrn Kaufmann in seinem sauberen, akkurat gebügelten, weißen Kittel im Laden stehen. Rieche gerade diese appetitanregenden Düf-te, schmecke diese vielen verführenden Aro-men, spüre diese angenehme Kühle im Raum, wenn es im Sommer richtig warm war.

Dann die Metzgerei Rennicke in der Grenz-straße, das war noch eine inhabergeführte, re-gionale Fleischwaren-Fabrik. Dort gab es ein Transportband; auf denen standen die Ein-kaufskörbe der Kunden.

Mit diesen Körben, die dann vom Kunden auf ein Rollband gestellt wurden, rollte man von der Wurstverkäuferin, zur Salatverkäuferin, dann zur Käseverkäuferin bis hin zur Fleischverkäuferin. Wer es sich leisten konnte, ließ das Körbchen auf dem Band stehen und kaufte an allen Stationen ein. Auf der gleichen Straße gab es die für uns, monetär betrachtet, niemals erreichbare Konditorei und Bäckerei der Familie Bertram. Dort wurden die Torten und „nur mit guter Butter", selbstgebacken. Was für ein Duft von frischen Backwaren auf der Straße, ging man dort vorbei. Das Nase platt drücken an der Schaufensterscheibe war dagegen, im doppelten Sinne, umsonst.

Die „Schalker Trinkhalle", „Dat Wasserbüdchen", stand direkt neben unserem Mietshaus. Sie heißt nicht nur so, sie steht sogar heute noch dort, bloß mit weniger Auswahl. Wie habe ich diesen Anblick geliebt. Soleier, Bratheringe, Rollmöpse in großen Gläsern, Fettpapier darüber gespannt, die Holzzange beiliegend. „Klümpskes", Pardon, Bonbons. Weingummi, Lakritz-Schnecken, weiße Mäuse aus Schaumgummi, lose aufgeteilt und durchnummeriert. So wie in einem Kaufmannsladen zum Spielen bereit, das Stück für fünf Pfennig zu kaufen. Auch kleines Spielzeug für kleines Geld und dennoch für mich und meine Schwester unerreichbar gewesen.

Verrückt, ein Groschen war für mich schon viel Geld. Flaschenbiere, unglaublich viele Sorten, natürlich auch Export, „und dem Kollegen bloß kein Glas dazustellen". Kleine Schnapsflaschen und Flachmänner in unzähliger Auswahl, Underberg-Gürtel und so vieles mehr. Das hatte damals noch alles richtiggehend einen Nah-Versorgungs-Charakter für Getränke und einen Imbiss für zwischendurch. Die Idee des Leergut-Sammelns war zu diesem Zeitpunkt noch nicht entdeckt worden.

Ich kann mich gut daran erinnern, als meine Schwester und ich zum allerersten Mal in unserem Leben eine Flasche Orangensprudel kaufen gehen durften. Es war die mit dem roten Punkt. Eine echte Sinalco; gut gekühlt aus dem dortigen Kühlschrank. Was das ein Erlebnis für uns war. Den Grund für diesen wunderbaren Einkauf (circa 60 Pfennig), habe ich leider vergessen. Irgendetwas muss wohl meiner Mutter an diesem Tag Gutes widerfahren sein. Ich sehe, rieche und höre alle diese vertrauten Gerüche, Geräusche, Farben und Stimmen. Das alles war für mich einmal meine kleine und kindliche Heimat.

Übrigens: Das Gerücht, dass das gekaufte Bier am Büdchen gesünder sei, als das Leitungswasser Zuhause, hielt sich in dieser Stadt sehr lange.

Trotzdem, ich habe mich dort immer sehr wohl gefühlt. Jedes Kind fühlt sich zu Hause, wo die Familie ansässig ist. Meine Einschulung in Schalke war ein schöner Tag, mit Matrosenanzug und einer großen Zuckertüte. Den Inhalt darin habe ich leider vergessen. Meine Mutter muss sich hier, ausnahmsweise, einmal schwer ins Zeug gelegt haben. Wo kam bloß das viele Geld dafür her?

Jetzt bitte nicht missverstehen: Mich hat innerlich immer etwas gestört, ohne genau zu wissen, was es eigentlich war. Und damit ist nicht die frühere, ungesunde, „Revier"-Luft mit gemeint. Mitten in diesen Überlegungen stehend, bekamen wir in unserer Heimatstadt, im Stadtteil Bulmke-Hüllen, ein neue Wohnung vom Wohnungsamt der Stadt Gelsenkirchen zugeteilt. Mit einem eigenen und nigelnagelneuen Badezimmer. Komplett gefliest!

In Bulmke-Hüllen zu Hause, jetzt mit Klo

1971 – der größte Luxus aller Zeiten, für uns drei, wie Sie sich vielleicht vorstellen können, war unser aller erstes, eigenes Badezimmer „der Star": das öffentliche Waschhaus in der Stadtmitte war Geschichte geworden. Ebenfalls unglaublich – eine Wohnung mit Balkon. Das war es dann auch schon. Sicherlich, zwei helle Räume und ein freier Blick auf Bäume; eng aber blieb es trotzdem.

Den Ausblick verdankten wir dem Vorteil eines Hochhauses im entsprechenden Viertel. Aber, kein Kinderzimmer, kein Rückzugsraum wie schon in Schalke. Keiner bekommt Ruhe vor dem anderen. Von einem Star-Schnitt, aus der Bravo herausgeschnitten, an einer eigenen Mädchen-Zimmertür, mit Tesa-Film geklebt, davon konnte meine Schwester – zwei Jahre älter als ich – nur träumen. Geschweige denn, die Zeitschrift überhaupt kaufen zu können. Von was denn? War sie undankbar? Eine Zweizimmer-Wohnung bleibt eine Zweizimmer-Wohnung. Sie wächst nicht, auch wenn man den Stadtteil wechselt. Ich litt darunter. Meine Schwester ebenso; ich bin sicher. Eine zeitlich betrachtet, nahe beieinander liegende Pubertät, gleich zweier Jugendlichen, kann man nicht einfach übergehen, übersehen oder überhören.

Deshalb ist das Verhältnis zu meiner Schwester schon damals, früh und unbewusst für uns beide, zerbrochen. Meine Mutter war überfordert. Wir drei wussten es nicht besser. Mich schmerzt es noch immer.

Der Form halber: Dieser Wohnbedarf, wurde früh als „sozialer Wohnungsbau" beschrieben; später war er verschrien. Mit diesem sperrigen Begriff bezeichnete man den staatlich geprüften und geförderten Bau von Wohnungen, insbesondere für soziale Gruppen, die ihren Wohnungsbedarf nicht aus eigener Kraft am Wohnungsmarkt decken konnten. Der Wunsch war klar: Raus aus dem Altbau, rein in eine neue Wohnung. Voraussetzung dafür war, dass meine Mutter einen Wohnberechtigungsschein ergattern musste, sie ihn sich zumindest ersehnt hatte.

Warum wir keine Dreizimmer-Wohnung zugewiesen bekommen hatten – das wäre ein Zimmer für uns beide Kinder zusammen mehr gewesen – , weiß ich nicht. Vielleicht aus einer falschen Bescheidenheit heraus, erst gar nicht beantragt? Eventuell gab es keine Bedarfserfüllung unsererseits. Eine grundsätzliche Verneinung des Zuteilers dieser Wohnungen? Mit Sicherheit zu teuer gewesen.

Soll heißen, viele andere Sozialhilfe-Familien, mit drei oder mehr Kindern, warteten ebenfalls auf eine Zuweisung, für solch eine schöne, saubere, helle und warme Sozialwohnung. Und der Eigentümer, zugleich Vermieter, durfte auch noch ein Wörtchen dabei mitreden. Das war sein gutes Recht; er war schließlich derjenige, der das finanzielle Risiko trug; steuerrechtlich betrachtet ist er damit ganz bestimmt alle male gut gefahren. Er hätte die Macht gehabt, nein zu sagen. Dann wäre nicht eine Sozialwohnung an einen Sozialhilfeempfänger gegangen. Nicht eine. In diesem großen Haus, mit so vielen Mietparteien. Der Vermieter bejahte unseren Einzug; die Genehmigung des Hauseigentümers lag somit vor. Das Sozialamt gab grünes Licht und überwies die Miete für uns an den Eigentümer. Vielleicht waren wir für ihn Alibi, die Quoten-Familie. Sei es drum, nun durften wir in der linken Hälfte eines modernen und nach frischer Farbe riechenden Hochhauses, mit seinen vielen Etagen und einem Fahrstuhl für alle, wohnen. Schalke ade.

Der technischen Ordnung halber: Links waren die Zwei-Zimmer-Wohnungen, rechts die Dreizimmer-Wohnungen, angeordnet. Somit blieben nur wir drei die einzige Familie mit einem Wohnberechtigungsschein und einer bewilligten Sozialhilfe, auf der linken Seite dieses ehrenwerten Hauses übrig. Somit war für alle ersichtlich, wer links mit zwei Kindern wohnen musste, „das waren die vom Amt".

Die anderen Mieter, die für sich in Anspruch nahmen, etwas Besseres zu sein, hielten sich das angebliche Recht vor, auf die Sozialhilfeempfänger mit einer Sozialwohnung herunterschauen zu können. Dem Grunde nach waren sie ebenfalls in einer Sozialwohnung lebend – nur rechts vom Flur. Bedürftig waren sie ebenfalls. Nicht, was den Unterhalt des Lebens an sich betraf, aber einen Wohnberechtigungsschein konnten nun einmal nur die Familien ausgestellt bekommen, deren Monatslohn ebenfalls eine gewisse Einkommenshöhe anfänglich nicht überschritten hatte. Folgende Lohnsteuer-Jahresausgleiche, positive Erbangelegenheiten, monatliche Kindergelder und eventuell spätere, höhere Löhne nach der Unterzeichnung des Mietvertrages, blieben für sie alle, im positiven Sinne, unberücksichtigt. Vielleicht machten die anderen Mieter einen groben Unterschied zwischen einem Wohnungsamt, das es früher noch gegeben hatte, und dem Sozialamt, bei welchem sie wiederum nicht vorstellig werden mussten. Dort, auf der rechten Seite, in den identisch aussehenden Hochhäusern, wohnten nun alle Familien mit ihren Kindern, die nicht vom Sozialamt abhängig waren.

Sondern von ihrem eigenen Einkommen leben konnten. *Wir sind ja alle so arm!* Monat für Monat, Jahr für Jahr, konnte nun preiswerter gewohnt werden, anstatt eine freie Miete auf dem freien Wohnungsmarkt bezahlen, geschweige sich eine suchen zu müssen. Sie mussten nicht jedes Jahr „diesen Schein" neu beantragen; es war schließlich das Wohnungsamt und nicht das Sozialamt.

Noch einmal zur Sicherheit: Sozialhilfeempfänger bekommen bis heute, jedes Jahr eine Einladung zum Sozialamt, gleich wie alt sie sind, um sich ihren bereits genehmigten Wohnbedarf wieder erneut genehmigen zu lassen. Man hätte ja inzwischen Millionär werden können. Die freien Mieter dagegen, konnten hierdurch jahrelang gutes Geld sparen. Ferner gab es später Häuser in dieser Neubausiedlung, die vollständig mit Sozialhilfeempfängern belegt waren. Dorthin verirrte sich dann kein Mensch mehr, der für seinen Lebensunterhalt selbst sorgen konnte. Die gute Überlegung der Stadt – Zusammenführung und Integration aller Schichten der Gesellschaft –, ging nicht auf. Ich habe diese nicht aufgehende Rechnung später oft gesehen und in fester Erinnerung.

Vater des noblen Gedankens war der: Einen modernen Wohn-Test (Feldversuch) zu starten. Es sollte untersucht werden, ob es nicht sinnvoll wäre, Menschen mit verschiedenen Einkommen – nicht reich, aber auch nicht bettelarm – , zusammen wohnen lassen zu können. Wie gesagt, es sollte am Anfang des sozialen Wohnungsbaus nur ein Test sein.

Das Wort „Stigmatisierung" gab es zu dieser Zeit noch nicht, jedenfalls wurde es nicht ausgesprochen. Das Stigma „Armut" bekam ich persönlich in der Art und Weise zu spüren, das man für die meisten Luft war; sprich, wir, meine Familie, wurden einfach ignoriert. „Mit denen spricht man nicht!"; das tat weh. Ich spürte diese teils offenen, teils versteckten Ablehnungen, bis in meine Knochen. Nach diesem Ausflug mit Einblicken in die gutgemeinte, und doch misslungene Verwaltungsszene dieser Kommune, würde ich nun gerne einmal weitererzählen, wie das Leben in der neuen Wohnung weiterging.

Wenn ich zum Beispiel lernen wollte, war nie richtig Ruhe. In keiner Ecke dieser Zweizimmer-Wohnung. Ich konnte mich nicht konzentrieren, wie ich es als Kind vielleicht gerade für die Hausaufgaben nötig gehabt hätte.

Immer störte etwas. Die Küche, am Essplatz sitzend, ersetzt nun mal keinen Schreibtisch in einem eigenen Kinderzimmer. Erst recht nicht, wenn das Radio den ganzen Tag läuft. Ich habe es im Ohr, immer Donnerstagvormittags, schallte die Stimme von Carmen Thomas mit ihrer Sendung „Hallo Ü-Wagen", ausgestrahlt vom Westdeutschen Rundfunk (WDR), durch die beiden Räume. Das war die Journalistin, die später das Aktuelle Sportstudio im ZDF moderieren sollte, sich es aber gleich mit ihrer Sport-Karriere versaut hatte, nachdem sie aus Schalke 04 „Schalke 05" gemacht hatte. Zeugnisgeld für gute Noten, die erst gar nicht von meiner Mutter eingefordert wurden, ein kleines monatliches Taschengeld, so etwas gab es für meine Schwester und für mich nicht. Wenn wir morgens (oft genug), von allein aufgestanden sind, ist meine Mutter meist erst eine Stunde vorher schlafen gegangen. Worauf hat sie bloß bis weit nach Mitternacht gewartet? Ich weiß es bis heute nicht. Nein, die von Hans-Joachim Kuhlenkampff in der ARD vorgelesenen „Nachtgedanken" wurden erst viel später in das Programm aufgenommen. Ich weiß nicht, was sie die ganzen Jahre nachts in der Wohnung gemacht hat. Gebügelt, wohl kaum; die Hausarbeit war nicht ihr Ding.

Ich kann mich nicht an Regeln, Traditionen und Rituale erinnern, sehe uns nicht morgens gemeinsam am Frühstückstisch sitzen. Leider gab es keinen warmen Kakao. Den Nikolaus-stiefel vor die Türe zu stellen, war mir unbe-kannt. Wenn ich an einem 6. Dezember früh morgens durch den Hausflur gegangen bin, sah ich diese schöne Tradition zum ersten Mal, ohne zu wissen, worum es hier ging. Mir fiel auf, dass an den Türen, hinter denen Kin-der gewohnt haben, mehrere gefüllte Stiefel standen. Ich fühlte nichts dabei.

Ein kleiner Schokoladenstiefel stand mir, als armes Kind, wohl nicht zu. Dafür durfte ich all-jährlich, am frühen Ostersonntag, oben vom Balkon aus zusehen, wie der Eigentümer die-ses großen Hauses, die Ostereier für seine ei-genen Kinder (wir waren gleichaltrig), in sei-nem noch größeren Garten versteckte. Wenn deren Kinder dann herauskamen und mit dem fröhlichen Ostereiersuchen-Spiel anfingen, ging ich lieber wieder in die Wohnung zurück.

Als Kind wurde uns nicht von meiner Mutter und von keinem anderen vorgelesen. Kein Gu-te-Nacht-Gebet, keine Geschichten, alles, was kleine Kinder so sehr lieben, alles das habe ich nicht erfahren können. Höchstwahrschein-lich war es meiner Mutter nicht wichtig genug. Lustlosigkeit, Gleichgültigkeit, nicht fähig zu lieben? Ich weiß es nicht. Wohl deswegen denke ich bis heute so oft und gerne an die Vorlesestunden, nachmittags in der Kindertagesstätte, zurück. Was habe ich diese Zeit immer genossen. Die Kindergartentante las häufig aus der *Kleinen Hexe* vor. Ich sehe das Bild vor mir, als wäre es gestern gewesen. Zur Adventszeit natürlich mit einer Kerze. Das Kerzenlicht zelebriere ich bis heute gerne. Später bin ich dann Dauerkunde in der Stadtbücherei gewesen. Sie stand fast neben dem Musiktheater im Revier Gelsenkirchen. Das schaffte ich gut zu Fuß. Als ob sich dort eine neue Welt für mich eröffnet hätte, wenn auch nur jeweils für ein, zwei Stunden. Spielen war kaum erlaubt; der Hof hätte es auch nicht hergegeben. Die Nachbarn würden sich sonst beschweren, „man will ja keinen Krach bekommen". Wäre man doch als alleinerziehende Mutter immer und sofort Zielscheibe für solche Attacken geworden. Schlafen, zu dritt in einem Raum, ist geradezu unmöglich. Hier kommt keiner zur Ruhe. Man stört sich gegenseitig, auch unabsichtlich. Was ich meine, ist die fehlende Privatsphäre, die jedem Menschen, übrigens auch dem Gesetz nach, zusteht. Licht kann verrückt machen, wenn man schlafen will, schlafen muss. Es nutzt nichts, wenn ein Handtuch über die Leselampe gelegt wird. Ich rieche das von der Glühlampe leicht angeschmorte Frottee heute noch.

Licht-Dimmer gab es damals nicht; wenn doch, wären sie zu teuer gewesen. Die Beziehung untereinander besteht fast gar nicht. Man muss miteinander auskommen, ob man will oder nicht. Rücksicht, die zwanghaft gelebt werden muss, erstickt, unterdrückt vieles langfristig an Lebensqualität. Interessen kommen nicht zum Vorschein, das Ausleben von Vorlieben wird sich selbst versagt. Talente können nicht gefördert werden, weil sie Geld kosten. Der eigenen Familie nicht zur Last fallen und Diskussionen führen, an denen die finale Absage bereits am Anfang feststehen würde, wollte ich nicht.

Und deswegen habe ich bis heute, in meinem eigenen Leben, eine gewisse, aber auch plagende Sehnsucht nach finanzieller Unabhängigkeit, nach detailliert, geplanten Tagesabläufen, Ordnung, Sauberkeit und Sicherheit. Ich liebe Rituale. Rechnungen werden stets sofort bezahlt. Der Abzug von Skonto ist mir jedes Mal ein Vergnügen dabei. Genauso möchte ich es haben und ja, ich bin liebend gern ein Morgenmensch, eine Lerche, keine Nachteule, wie meine Mutter.

Immer unter Beobachtung

Bleiben somit nur die Grundbedürfnisse gedeckt: Essen, Körperpflege, Gesundheit und Schlafen. Alles andere bleibt auf der Strecke. Und das ist buchstäblich gemeint. Kultur, Anregungen, Gespräche mit Außen, keine Kindergeburtstagsfeste ausrichtend, keine Haustiere. Abschottungsstrategien wurden entwickelt, keine näheren Kontakte gewollt und erst recht nicht gesucht. Immer nur Guten Tag sagen und die Tür wieder zu, all das hat mein eigenes Leben im negativen Sinne nachhaltig geprägt. Und wenn ich dann doch einmal zu einem Kinder-Geburtstag gehen durfte, habe ich Stunden am Esstisch verbracht, um alle diese Köstlichkeiten zu probieren und Orangen-Sprudel zu trinken. Während alle anderen Kinder schon längst wieder miteinander spielten, aß ich zum ersten Mal in meinem Leben Teufelssalat. Das ist ein auf Rinderbraten basierender, pikanter Fleischsalat. Ich schmecke ihn und es beschäftigt mich noch heute. Für mich war es unfassbar lecker. Immerzu hatte ich Hunger. Nicht immer war alles zu Hause greifbar und von allem etwas verfügbar. Das Geschenk zum Mitnehmen für das Geburtstagskind blieben die Katzenzungen. Jahrelang. Preiswerter konnte kein Geschenk für ein Geburtstagskind sein.

Als Ersatz für das nicht vorhandene Kinder-Geschenkpapier wurde es in Aluminium-Folie eingewickelt. Wieder Geld gespart – die Peinlichkeit meinerseits inklusive. Am Anfang immer schön glatt, war es zweimal angefasst, bereits unansehnlich gekräuselt. Und wenn mal etwas Süßes im Hause war, zum Beispiel eine Tafel Schokolade, wurde sie wie ein Schatz behandelt und lange nicht angerührt, erst viel später aufgemacht und zu dritt gegessen. Da war sie dann grau.

Wie schmerzlich sich die Szene in mir eingebrannt hat, mussten wir alle drei zum Sozialamt marschieren. Zu Fuß, Fahrgeld für öffentliche Verkehrsmittel hatten wir keines, um einen neuen Antrag auf Fortsetzung der Sozialhilfe stellen zu müssen. Wie schlimm ich das im Alter von vielleicht gerade einmal acht, neun Jahren empfand. Allein der Flur des Sozialamtes, geradezu angsteinflößend. Wir saßen da immer, wie ein kleines Häufchen Elend, und waren froh, wenn das alles wieder vorbei war. Lange, dunkle Korridore, harte, durchgesessene Holzbänke, Aktenschränke auf den Gängen. Ich selbst saß dort, wagte mich nicht zu rühren, bis es dann hieß: „Herein!". Fast schon militärisch aus der Amtsstube, noch nach Kriegsgeneration klingend, und meine Mutter klopfte leise, demütig an die Amtstür.

Dann traten wir mürrischen Menschen, schlecht gelaunten Beamten gegenüber, von denen wir abhängig waren. Antrag stellen auf Sommerschuhe, Gesuch stellen auf Wintermäntel; jahrein, jahraus. 30 Deutsche Mark Kleidergeld, „bewilligter Zuschuss", waren für uns drei ein kleines Vermögen. Selbstverständlich wurde dann beim darauffolgenden Einkauf strengstens darauf Acht gegeben, dieses Budget genauestens einzuhalten, einhalten zu müssen. Sie fragen nach dem Schul-Füllfederhalter, den Geha-Füller, für meine Schwester und für mich? Extra-Antrag! Einmal pro Jahr stellen! Titel: „Schulbedarf". Und bloß nicht unterjährig den Füllfederhalter herunterfallen lassen.

Ich kann mich nicht an einen einzigen, freundlichen Menschen erinnern, der uns hätte helfen wollen. Kindergeld wird auf den Sozialhilfesatz als „Einkommen" an- und gegengerechnet. Es kommt somit erst gar nicht zur Auszahlung. Gelebte Praxis, bis heute. Auf dem Rückweg, haben wir uns dann, häufig, ab und zu, „aber nur als Ausnahme!", ein Doppel gebackenes Graubrot (mit Frische-Beutel), bei der Bäckerei Gatenbröcker, auf der Hohenzollernstraße, gegönnt. Wirklich lecker!

Schön war es dagegen im Jugendheim der Falken in Bulmke-Hüllen. „Die Falken?"; das ist eine Jugend-Organisation der SPD.

Für ein paar Stunden raus, aus der buchstäblich viel zu kleinen Welt, die einen tagtäglich umgab. Tischtennis und Brettspiele spielen, gemeinsam Lieder mit Gitarren-Begleitung singen. Nichts Aufregendes, aber wenigstens ein gemeinschaftliches Miteinander unter Gleichen. Hier musste man sich für nichts rechtfertigen, wurde von keinem schief angesehen – alle hatten das gleiche Schicksal – „das tat gut". Hier trug kein Kind, kein Jugendlicher, die neueste, angesagte Wrangler-Jeans – von was denn auch. Viele Kinder hat hier die Armut indirekt und unausgesprochen mit einander verbunden. Meine Schwester hatte dagegen weniger Glück. Während ihrer Berufsausbildungszeit zur Verkäuferin hatte sie zwar stets den Mittwochnachmittag frei, aber selbst den durfte, konnte sie nicht für sich persönlich nutzen. Stattdessen musste sie mit meiner Mutter *nach Aldi* (Revier-Deutsch) einkaufen fahren.

Ein hartes Urteil

**„Ich bin so geworden wie ich bin,
weil ich nicht so werden wollte wie
Du".**

Romanfigur Konsul Thomas Budden-
brook zu seinem Bruder Christian

Roman, Thomas Mann
1901, S.Fischer Verlag

Die fehlende Vaterfigur

An meinen (biologischen) Vater habe ich keine Erinnerung. Die Möglichkeit zum Kennenlernen bekam ich erst gar nicht angeboten. Wie auch, er muss uns zu der Zeit verlassen haben, als ich auf die Welt kam. Wie heißt es immer so schön: „Wen man nicht kennt, den vermisst man nicht". Wirklich? Ich halte diese Redewendungen, die sich uns eingeprägt haben, weil sie von den Eltern stets vorgekaut wurden, für verwerflich. Verschleiern, vernebeln sie doch damit die jeweilige Situation. Es war ihnen stets allen eine willkommene Aussage. Heute weiß ich so vieles besser. Was nützt es, zwar einen Vater zu haben, wenn er sich dennoch der Verantwortung entzieht. Wenn er keine Lust auf Familie hat. Wenn er selbst zu jung dafür ist. Wenn er sich nicht der Verantwortung bewusst ist, sein will, nicht sein kann. Schlimm wurde es, weil damit Kummer, Sorgen und Leid in meine Familie einzogen. Damals, mit einem Jahr, war ich aber verständlicherweise noch zu klein, um die Sache überblicken, einordnen zu können oder zu verstehen. Menschen von außen, die es vielleicht bemerkten und zum Wohle der Familie, der Kinder, hätten einschreiten können, taten es nicht.

Obwohl bereits so viel mehr Aufklärung – 18 Jahre nach Ende des Zweiten Weltkrieges – herrschte, trauten sich die Menschen nicht, zu helfen. Dabei schreien alle Beteiligten lautlos um Hilfe. Auch heute noch. Allerdings muss man sich helfen lassen wollen. „Man mischt sich nicht ein", diente früher schon und bis heute anhaltend, wunderbar als Selbstschutz, damit erst gar kein schlechtes Gewissen aufkommen musste.

Woran hat es gelegen? Ich selbst habe nur vage Erinnerungen und Vermutungen, mehr vom Hörensagen meiner Mutter und das war einseitig ausgesprochen. Vielleicht das Lebensalter? 1939 geboren, war er acht Jahre jünger. Macht das einen Unterschied? Das ist nicht die Welt. Aber wenn man erst 22 Jahre jung ist und die Ehefrau schon 31 Lebensjahre zählt, gibt es vielleicht zwei Denkweisen in der Familie. Nach zwei Jahren Ehe war Schluss. Es soll der Alkohol gewesen sein, der sie auseinanderbrachte. Das ist zugleich ein schönes Argument, da es im Nachhinein nur schwer zu widerlegen ist. Die Wahrheit werde ich wohl nie erfahren, auch wenn sie im besten Fall hierbei irgendwo in der Mitte liegen mag – schade drum. Mit Recherchearbeiten habe ich erst gar nicht begonnen, nachdem ich von meiner Schwester telefonisch erfuhr, dass er bereits 1995, im Alter von nur 46 Jahren, verstorben war. Woran? Ich werde es nicht erfahren.

Kann eine Mutter den Vater ersetzen? Sicher nicht. Es ist achtbar und ehrenwert, es zu versuchen. Am Ende des Tages musste sich meine Mutter wohl auch selbst eingestehen, dass sie dabei nur verlieren konnte. Eine Vaterfigur, das sagt ja schon das Wort, ist nun einmal für das Kind etwas Prägendes, etwas Motivierendes. Einen Nagel einschlagen, mit Werkzeug umgehen, an einer Karosserie arbeiten, werkeln, den Rasen mähen, eine Radfahrkette ölen, alles das habe ich nie gelernt. Wie denn, wenn niemand mit technischem Verständnis in der Familie lebt. Vom fehlenden Werkzeugkasten einmal ganz abgesehen. Wie dem auch sei, wenn niemand mit solchen Vorkenntnissen und Fähigkeiten zur Verfügung steht, klappt es später sowieso nicht mehr. Was habe ich in der Schule immer die Laubsägearbeiten meiner Mitschüler bewundert. Sie wissen schon, der berühmte Kleiderhaken aus ganz dünnem Span-Holz mit dem Zipfel-Männchen-Design; als Geschenk für die Eltern zu Weihnachten. Ich selbst bekam es einfach nicht sauber hin. Noch heute bestelle ich lieber einen Handwerker und gerne aus dem Ort, in dem ich wohne. Da kann ich nichts falsch machen.

Wenn ein Mensch Sozialhilfe beziehen muss,
bleibt seine Würde auf der Strecke.

Wir waren und blieben ewige Bittsteller.

Auszug aus dem Sozialgesetzbuch

Sozialgesetzbuch (SGB XII) Zwölftes Buch
Sozialhilfe

Stand: Zuletzt geändert durch Artikel 1 G vom
10.12.2019 | 2135

§ 1 SGB XII Aufgabe der Sozialhilfe

Aufgabe der Sozialhilfe ist es, den Leistungsberechtigten die Führung eines Lebens zu ermöglichen, das der Würde des Menschen entspricht.

Die Leistung soll sie so weit wie möglich befähigen, unabhängig von ihr zu leben und nach ihren Kräften hinzuarbeiten.

Zur Erreichung dieser Ziele haben die Leistungsberechtigten und die Träger der Sozialhilfe im Rahmen ihrer Rechte und Pflichten zusammenzuwirken.

Stigmatisiert Sozialhilfe?

Im folgenden Kapitel möchte ich Sie gerne mit auf eine kleine Reise in meine Seele als Kind, als Jugendlicher, als Heranwachsender, nehmen. Sie ist, flapsig beschrieben, das Herzstück meiner eigenen, verlorenen Jahre als Kind mit Sozialhilfe-Bezug.

Beschönigen werde ich die Beschreibungen meiner Lebensumstände nicht, warum auch. Ich möchte Ihnen, so sachlich und transparent wie möglich, von meinem damaligen Leben als junger Mensch, berichten. Ich werbe nicht um Verständnis, stelle dabei niemanden an den Pranger, rüge keine Situation oder deren ausbleibenden Konsequenzen. Die tatsächlichen Ereignisse, sind bedrückend genug gewesen, als ich mich ihrer erinnern musste. Und ja, sie taten noch einmal so richtig weh, als ich sie aufgeschrieben habe. Der Schmerz war da, blieb, war kaum zu überwinden. Erfahrungen, Erlebnisse und Situationen, die es Ihnen möglicherweise erleichtern, meinen Gefühlen, meinem Empfinden zu folgen. Sie tragen Zeugnis eines bestimmten Musters. Des Musters eines möglichen Missverständnisses, einer möglichen Fehlinterpretation, was das tägliche Erleben der sozialen Abhängigkeit mit einem Menschen anrichten kann.

Noch einmal: Angeblich soll es diese Armut in Deutschland nicht geben. Sie bedürfen keiner weiteren, tieferen Erläuterung oder ausgewählten Menschen, die man hierbei schuldig sprechen wollte. Ich möchte diese ausgesuchten und tieferen Erlebnisse für sich wirken lassen. Schon verrückt, dass man sich noch nach 50 Jahren so detailliert erinnern kann; war ich damals noch ein kleiner Junge. Meine aufgebrochenen Erinnerungen zwingen mich gerade dazu, in die Vergangenheit zu blicken. Ich war jahrzehntelang innerlich zerrissen. Heute habe ich keine Angst mehr, darüber nachzudenken, in meine eigene Seele hineinzuhorchen und mich anderen Menschen gegenüber zu öffnen. Mein räumlicher Abstand (Wechsel des Bundeslandes) und die soziale Distanz zu allen Personen von früher (Kontaktpflege tendiert gegen Null), sowie zu allen Ereignissen hat mir schlussendlich geholfen, damit etwas besser fertig zu werden. Die medizinisch, psychologische Unterstützung eines Facharztes tat ihr bestes. Aber dieser von mir zwanghafte Blick in den Spiegel des Geschehenen, des Zurückliegenden, hat in meiner Psyche ein ganz wichtiges und wesentliches Motiv ausgelöst: Meine eigene, ganz persönliche Motivation zu haben, ein besseres Leben führen zu wollen und es zu können.

Dieses Wegducken, dieses *die Leute schauen auf uns herunter*, dieses sich klein machen müssen. Ich wusste früh und nur zu gut, was das im täglichen Überlebenskampf für mich würde bedeuten können, wenn ich hier von meinem eigenen, schmerzhaften Rückblick, in die Zeit von 1969 bis etwa 1976, zurückschauen und davon berichten möchte.

Meistens hatten wir nur die Wurstenden beim Metzger oder in den Havarie-Märkten – die Bestückung dort erfolgt stets aus Notverkäufen – eingekauft, ständig die preiswertesten Teigwaren eingeholt, ohne Ausnahme diesen schrecklich, versüßten Apfelsaft aus dem Tetra-Pack getrunken und auf frisches Obst verzichten müssen. Und nicht vergessen, gleich noch der netten Wurst-Verkäuferin Danke sagen, dass sie uns das allerletzte Wurst-Ende, leise, ohne Berechnung und ohne dass es jemand sah, in die Tüte dazugelegt hatte. Permanent billigste Margarine, statt echter Butter und diese ewig im Preis reduzierten Artikel. Schmelzkäse-Ecken mit synthetischem Paprika-Geschmack vom Billigheimer wurde uns täglich auf das Brot geschmiert. Haben Sie schon einmal eine Plockwurst probiert? Wie soll ich sie beschreiben? Eine eher selten luftgetrocknete Rohwurst. Sie wurde mehr geräuchert, Inhalte waren meist entsehntes Rindfleisch, fettes Schweinefleisch und Speck.

Eine Salami konnte ich mir dabei nur denken. Außer, dass sie stark überwürzt war, schmeckte sie nach nichts und machte mich dick.

Ich kann mich an einen für mich persönlich schlimmen, beschämenden Tag erinnern. Wir waren im Gelsenkirchener Kaufhaus „WEKA" unterwegs und trafen eine Bekannte meiner Mutter, die dort als Verkäuferin angestellt war. Sie hieß Mary. Eine herzensgute Frau. Jeder mochte sie gut leiden; ich auch. Einmal traf sie mich mitten in mein kleines Kinder-Herz. Es war ihr nicht bewusst und nicht gewollt. Wir standen bei ihr am Verkaufstresen und wohl aus einer plötzlichen, offensichtlich guten Laune heraus, rief sie ihrem Kollegen lauthals in die Hosen-Abteilung, hinüber: „Verpass dem Jungen doch mal `ne neue Buxe!". Alle Kunden haben es mithören können. Meine bis dahin getragene Hose muss wohl desolat ausgesehen haben. Ich war aufgewühlt, sah mich blamiert und bloßgestellt. Meiner Mutter machte es offensichtlich nichts, aber auch gar nichts aus. Geld gespart.

Nichts anderes war es, wenn wir später einmal an einen Ausflug oder an einer Stadtrundfahrt in einem anderen Ort, organisiert von der Stadt Gelsenkirchen, teilnehmen durften. Es wird immer in einem Lokal Halt gemacht.

Das ist so. Man kann nicht nur spazieren gehen. Bestellt haben wir dann immer eine Suppe. Die Vorsuppe ist und bleibt das preiswerteste Gericht auf einer Speisekarte. Auf einmal legte mir eine mitgereiste Tischnachbarin etwas von ihrem Fleischteller – sie hatte ein Gulasch-Gericht gewählt gehabt –, auf meinen kleinen Suppen-Unterteller. Ich hatte es sofort gegessen. Meine Mutter meinte nur: „Du hättest es ja nicht essen müssen". Ich fühlte mich allein gelassen. Eine beschämende Respektlosigkeit der Erziehungsberechtigten gegenüber des Kindes. Auch in diesem Moment hatte ich mich schlecht und einsam gefühlt. Und nein, ein warmes oder kaltes Getränk wurde nie bestellt. Traditionell wurde immer erst und nur zu Hause Wasser aus dem Wasserkran getrunken. Kranwasser. In Fachkreisen gerne auch „Kraneburger" gerufen. Ich glaube, ich lasse mir diesen Werbenamen doch noch einmal patentieren.

In der großen und bekannten Einkaufsstadt, Essen an der Ruhr, waren wir einmal mit einer Nachbarin und ihrem Sohn zusammen einkaufen. „Einkaufen fahren", hieß bei uns dreien immer nur Geschäfte besuchen, Schaufensterläden anschauen, aber nichts kaufen. Mein mitgereister Spielkamerad, einer von ganz wenigen und aus dem gleichen Wohnhaus, bekam von seiner Mutter gleich zu Beginn des Tages

an einem Kiosk ein Yps-Heft – das war ein fo-
liertes Comic-Heftchen, stets mit einem kleinen Spielzeug beiliegend –, geschenkt. Ich
weiß den Preis heute noch: 2,50 D-Mark. Sehr
viel Geld. Damit wurde unbewusst Druck auf
meine Mutter ausgeübt. Das war der Nachbarin ganz sicherlich nicht klar. Ich spürte das
sofort, unausgesprochen. Sie sprang dann tausend Mal über ihren eigenen Schatten und
kaufte mir auch dieses Heft. Ich hätte mich
darüber freuen sollen. Es ging nicht. Ich glaube, es hätte mir mehr bedeutet, wenn der Ki-
osk-Besitzer hätte sagen müssen, dass das
letzte Exemplar gewesen wäre, das er gerade
verkauft hatte und mir deswegen keines mehr
verkaufen könnte. Es tat mir alles leid. Die
Situation, in die meine Mutter ungewollt hinein-
geraten war, auch die weggegebenen 2,50 D-
Mark taten mir leid, schlimmer noch, ich hatte
ein riesiges Schuldgefühl, ein furchtbares
schlechtes Gewissen, meiner Schwester gegenüber, die nicht dabei gewesen war. Wenn
sie im Nachhinein und zu Recht etwas hätte
einklagen dürfen, wären es schon fünf D-Mark
gewesen, die in der laufenden Haushaltskasse
gefehlt hätten. Wie hätte man das nur wieder
einsparen können, nein, einsparen müssen.
Betrübt grübelte ich den ganzen Tag. Da war
ich vielleicht gerade einmal erst ganze zehn
oder elf Jahre jung.

Ich habe ihr das Heft nicht gezeigt, aber verstecken konnte ich es auch nicht, da ich über keinen geeigneten Platz dafür verfügte. Das Spielzeug habe ich unberührt in der verschweißten Folie liegen lassen.

Der Sohn dieser Nachbarin war weiter der Junge, den ich immer bewunderte. Warum, wofür? Er besaß nicht nur ein eigenes Kinderzimmer für sich, eine echte Dampfmaschine, umrahmt von einer nachgeahmten Werkshalle des Industrie-Zeitalters aus Blech, sondern auch einen Vater, der einen Opel Kadett als Dienstwagen fuhr. Er bekam Klavierunterricht und ging auf das städtische Gymnasium mit kleinem Curriculum.

Das besondere, neben den abonnierten, sündhaft teuren Asterix-Heften liegend, waren seine Oberschulhefte, die Klausurhefte, für seinen Schulbesuch. Von ihnen war ich geradezu fasziniert. Wenn ich bei ihm war, streichelte ich über den schwarzen, leicht angerauten Deckel. Dieses Gefühl wurde mir im Rahmen meines zweiten Bildungsweges, zwanzig Jahre später, neu geweckt. Endlich war ich mit ihm gedanklich auf Augenhöhe angekommen. Verrückt. Das alles war für mich früher ganz normal; es gab Zeiten, da glaubte ich sogar, das muss so sein. Er oben, ich unten.

Es waren mehr die alltäglichen, kleinen Dinge des Lebens, die mir gezeigt haben, wie gering die Aufmerksamkeit mir gegenüber in der Familie war. Die Zahnbürste, die nicht gewechselt wurde, trotz vorheriger Erkältung. Die schief gelaufenen Schuhabsätze, die dringend zum Schuster hätten gebracht werden müssen, aber von mir weitergetragen wurden. Ausgebeulte Cordhosen tragend, tagein, tagaus. Zuhause gab es keine kleinen, bunten Kerzen zum Auspusten, wenn meine Schwester oder ich Geburtstag hatten. Von der nicht vorhandenen Geburtstags-Torte einmal ganz abgesehen. Kein Lärm, kein laufendes Klingeln an der Haustür von den nicht eingeladenen Gästen. Keine Luftschlangen, kein Topf-Schlagen, kein Schokoschaumkuss-Wettessen. Einfach nichts. Im Rückblick waren es immer einsame Tage für uns. Die soziale, räumliche, menschliche Entfernung, die hier zwischen uns beiden und den anderen Kindern aufgebaut wurde, bekamen wir nicht mehr geklebt. Dafür ging es aber unseren Mägen, an diesen beiden Tagen im Jahr, abends gut.

Mir war kein Revell-Bausatz für ein Motorrad oder einer Spitfire vergönnt. Immer durfte ich nur den anderen beim Kleben und zusammensetzen zuschauen und sie danach dafür bewundern und belobigen, wie sauber sie alle wieder einmal gebastelt hatten.

73

Ein solcher Bausatz hat damals circa 4,99 D-Mark gekostet. Wieder ein kleines Vermögen. Dazu wären noch Kosten für diverse Klebemittel und der Ständer für das Ausstellen dieses Flugzeuges gekommen. Das wären noch weitere zwei D-Mark gewesen. Meine eigene Feinmotorik wurde derart leider nicht gefördert. Für diese zwei D-Mark konnte meine Mutter die Milch für zwei Tage einkaufen. Essen und trinken oder basteln? Den Groschen und das Brötchen haben wollen, ging bei uns nicht.

Beim Friseur die Haare jedes Mal so kurz wie möglich schneiden lassen; es musste sich lohnen. Die den Geldbeutel entlastende Kurzhaarfrisur traf meine Schwester ebenso hart und erbarmungslos. Wie es damit damals in ihrer Seele ausgesehen haben muss, ich kann es heute nur ahnen. Es waren schwierige und betrübte Zeiten, auch für sie, gerade als das Mädchen in unserer Familie.

Die 20 Pfennig, die ich nicht besaß, um mir einmal eine Kugel echtes Milcheis beim „Gelati!"-rufenden Eisverkäufer (der mit dem Eisschrank-Fahrrad), kaufen zu können. Wenn die anderen Kinder hingelaufen waren, hielt ich lieber räumlichen Abstand. Selbstschutz? Ganz sicherlich.

Ich gesellte mich erst wieder dazu, wenn sie das Eis geschleckt, das Hörnchen aufgegessen oder achtlos weggeworfen hatten. Auch gab man nicht einfach so 20 Pfennig aus; damit war sparsam umzugehen. Ja, so habe ich damals gelebt. Und deswegen dachte ich auch immer, wenn ich bei einem Besuch, bei Bekannten meiner Mutter, in deren Wohnzimmer eine große Asbach Uralt-Flasche – die in der Drei-Liter-Größe –, gefüllt mit Kupfergeld, stehen sah, dass diese Menschen wirklich reich gewesen sein mussten. Die vielen, unzähligen Münzen, ein Groschen, sogar ein Fünfzig-Pfennig-Stück dazwischen liegend, das Zwei-Pfennig-Stück, gehörten sie doch eigentlich alle in das Portemonnaie und nicht in eine alte und leergetrunkene Weinbrand- Flasche. Welch Überfluss an Geld diese Leute wohl besitzen mussten? Das hat mich lange Zeit beschäftigt.

Ferner keine Anregung der Fantasie, kein Vorbild im Lesen der Tageszeitung. Kinderfilme im Kino: Fehlanzeige – und das Wort „Ausflug" kannte ich damals auch noch nicht. Als ich schon acht Jahre alt war, habe ich noch immer nicht gewusst, wer Karl May war. Die Bibel hatten wir nicht im Wohnzimmer liegen. Somit konnte mir der liebe Gott auch keinen Trost schenken. Fragen über Fragen, die andauernd unbeantwortet blieben.

Irgendwann kommt der Punkt, dann fragt man nicht mehr nach. Dumm sterben wollte ich wiederum auch nicht.

Schade, dass ich damals noch nichts von diesen kleinen, gelben und preiswerten Reclam-Büchern gehört hatte. Viele schöne Geschichten für kleines Geld. Vielleicht hätte ich sie dann auf einem Floh-Markt für 30 Pfennig gebraucht gefunden und bei meiner Mutter dafür werben können. Die hätte ich gerne investiert, falls das Geld dafür da gewesen wäre.

Einmal konnte ich einen Sommer lang ein Klapp-Fahrrad mein Eigen nennen. Damit fuhr ich jeden Tag über den Hof. Es war alt und verbraucht, aber das machte mir nichts aus. Wenigstens ein bisschen mobile Freiheit genießen können. Als dieser Sommer zu Ende ging, stand auf einmal ein Maler vor mir und sagte, dass ihm das Fahrrad gehöre. Er hätte die ganzen Wochen überlegen müssen, auf welcher Baustelle er wohl sein Fahrrad stehen gelassen hätte. An diesem Tag fiel es ihm wohl wieder ein und ich war ab diesem Tag wieder per pedes unterwegs. Große Aufregung. An einem Sperrmülltag fand ich einmal ein Eishockey-Spiel. Es war ausgeleiert, die Banden stark verbeult. Den fehlenden Puk ersetzte ich durch einen Aluminiumfolie-Bällchen.

Und was ich einfach nicht vergessen kann, wie mir einmal, mir fremde Menschen, Besuchsgäste meiner Mutter, eine Metalldose für Aachener Printen geschenkt haben. Natürlich war sie leer. Bestimmt dachten sie noch dabei, was sie diesem armen Jungen gegenüber für eine gute Tat geleistet hätten. Und nein, eine D-Mark für das fiktive Sparschwein lag auch nicht darin. Und ja, nur der Vollständigkeit halber: Die Dose war vorher von innen sauber gemacht worden; immerhin.

Als Ersatz für die Panini-Bilder, von der Weltmeisterschaft 1974 in München, die ich mir nicht am Kiosk kaufen konnte, legte ich die Ton-Pfeifen von den gesammelten Stuten-Kerlen, noch von Weihnachten über, dort hinein. Damit hat die Dose wenigstens schön geklappert.

In den Sommerferien sollte uns, den fast schon traditionell und alljährlich daheimgebliebenen Kindern, der „GE-Pass", herausgegeben von der Stadt Gelsenkirchen, etwas Spaß und Ablenkung vom Alltag bringen. Während der sechs Ferienwochen zwei Mal in den Zoologischen Garten und drei Mal in das städtische Schwimmbad, „für umsonst". Ich erinnere, es waren immer sehr viele Kinder, die ebenfalls diese Vergünstigungen in Anspruch genommen hatten.

Wenn es zwischendurch in den Stadtgarten in der Stadtmitte von Gelsen-kirchen zur Tages-Erholung ging, haben wir den Kartoffelsalat immer selbst mitgebracht. Der ausgediente, hauseigene Kinderwagen diente dafür als Lastenträger.

Ohne Würstchen, dafür aber mit gekochten Eiern und unter den riesigen, Schatten spendenden Bäumen sitzend, haben wir dann den leckeren Mayonnaise-Salat verzehrt. Das Planschbecken durfte man kostenlos benutzen und der „Zwergesel", in Bronze gegossen und liebevoll „Eselchen Grisella" gerufen, stand direkt am Kinderspielplatz. Der Esel wurde von allen Kindern reichlich genutzt, um auch einmal reiten zu dürfen. In den Sommern mit Spitzenzeiten gab es teilweise richtige lange Schlangen des Anstehens für dieses „Ereignis". Klar, besser als nichts, aber richtige Ferien waren es dann doch nicht. Im wahrsten Sinne des Wortes gab es für meine Schwester und mich eben keinen Tapetenwechsel. Alle anderen Sommertage verbrachten wir nicht in Spanien, sondern auf Balkonien. Zwei Ausnahmen: Meine Schwester und ich waren 1969 einmal auf Borkum und 1973 im Schwarzwald, somit jeweils bei bester Luftveränderung unterwegs. Dankeschön, liebes Stadtgremium.

Ein Wort zu „Die Tafel", obwohl es sie zu unserer Zeit noch nicht gab. Zu dieser wirklich wichtigen Einrichtung in dieser frostigen Gesellschaft, in welcher dennoch so viel Gutes geleistet wird. Und das auch noch ehrenamtlich. Es regt mich auf, es wühlt mich auf, dass es anscheinend Mode geworden ist, von Tafelkindern zu reden oder zu schreiben. Für mich persönlich das Unwort des Jahres 2022. Wie sich diese Kinder fühlen müssen – ich weiß es nur zu gut aus eigener tiefer Erfahrung. Wenn ich heute die Bilder von den Tafeln verfolge, wie kleine oder heranwachsende Kinder in der Schlange stehen, weil sie wiederholt, stellvertretend für die Erwachsenen, für ihre Eltern, Lebensmittel abholen müssen, empfinde ich dies als einen schlimmen Zustand. Das mag ich einfach nicht sehen. Dieses Stigma bekommen die Kinder nicht mehr abgelegt. „Die Tafel" ist kein guter Ort, an dem sich Kinder aufhalten sollten. Und das unschöne Wort „Bedürftigkeit" mag ich auch nicht mehr hören.

Andere Eltern wiederum beteuerten, und das dauerhaft, dass sie es doch schließlich waren, die darum gekämpft hätten, dass es uns Kindern gut geht, dass es uns einmal besser gehen soll, in unserem späteren, eigenen Leben. Ich habe bisweilen wenig Absurderes gehört.

Gekämpft, so, für was denn im Detail? In diesem Sozialstaat ist alles geregelt. Antrag wahrheitsgemäß ausfüllen, Belege dazugelegt, abgeben – fertig. Ich habe als Kleinkind niemanden gerufen, der für mich, der um mich „streiten" soll. Was ein kleines Kind braucht ist Liebe, körperliche Nähe, jemanden, der das Kind in den Arm nehmen kann, in den Arm nehmen möchte. Ein gutes Gefühl der Sicherheit, ein Schaukelpferd, Milchbrei und keine Erbsensuppe. Die vertragen Kleinkinder nicht so gut. Eigenartig, Eintöpfe esse ich trotzdem immer noch gerne.

Ein Missverständnis gleich bei Seite gelegt. Es ist nicht der Verlust gewesen, nicht der nicht vorhandene Besitz des Materiellen, das hierbei eine große Rolle spielte. Es war mehr die kalte soziale Einsamkeit, die mir widerfahren war. Fehlende Nähe, Lieblosigkeit innerhalb der Familie, die unausgesprochene Ausgrenzung, draußen auf der Straße. Es war das Nicht-wahrgenommen-werden – der Mangel an Wahrnehmung, die es als Individuum nun einmal bräuchte. So wie andere Leute, die nicht unter diesem Stigma leiden müssen. Diese Gesellschaft ließ mich, subjektiv betrachtet, nicht auf Augenhöhe ankommen. Sie ließ mich spüren, wer ich war. Es waren die gleichen Menschen, die sich herausnahmen, mir meinen Platz in dieser, ihrer Gesellschaft zeigen zu wollen. Trost gab es keinen, von niemanden. Ich blieb damit alleine zurück. Diese sinnlosen Umstände brachten mindestens andauernden, fast lebenslangen Frust, Missverständnisse in der Darstellung von Lebensentwürfen und viele offene, auch versteckte Tränen mit sich. Somit war für mich keine Freude am Leben zu spüren.

Hilfloses oder gewolltes und ja, sogar absichtliches Dahinvegetieren, ein bequemes „Sich treiben lassen", keine eigene Motivation aufbauen wollen, durch Erwachsene, die schon mit sich selbst genug zu tun hatten, geschweige denn Verantwortung für ihre Kinder tragen sollten, machte das alles schwerer und mich persönlich kreuzunglücklich. Ich habe früher beobachten müssen, wie jüngere Menschen damit anfingen, für sich selbst herauszufinden, dass ihre Kinder willkommene Alibis waren. Schlimmer noch, erst gar nicht damit anfingen sich anzustrengen, um auf eigene Beinen stehen zu können. Und heutzutage gibt es noch immer genügend Menschen unter den Sozialhilfeempfängern, die das Stigma der Sozialhilfe nicht bloß pflegen, sondern es regelrecht befeuern. Sie beweisen sich, dass sie es so haben möchten.

Einfaches Beispiel dazu. Sie machen es sich zu leicht, wenn sie sagen, sie dürften niemals, auf keinen Fall, regelmäßig und nie zu bestimmten Zeiten das Haus verlassen, weil ihnen sonst unterstellt werden könnte (Stichwort: „aufmerksame Nachbarn"), dass sie nebenbei arbeiten gingen. Einen größeren Unsinn habe ich nie gehört. Erstens leben wir in einem Rechtsstaat und nicht in einem Überwachungsstaat und zweitens, was hat es die Nachbarn zu interessieren, wann und warum ich meine Wohnungstür verschließe. Aber sie taten mit ihrem Verhalten alles dafür, dass sich das Gerücht halten konnte, dass es den meisten mit bezahltem Wohnraum, mit erstatteter Kalt- und Warmmiete und dem ausgezahlten Sozialhilfesatz besser geht, als das sie sich auf den Weg machen wollten, um unabhängig und von ihrer Hände Arbeit leben zu können. In der Summe meines eigenen Lebens kann ich nicht alles und jeden dafür verantwortlich machen wollen, wie ich selbst lebe, leben möchte, leben muss. Ich weiß für mich nur zu gut, dass diese Argumentation ins Leere läuft. Wenngleich hier teilweise von einem Generationenvertrag gesprochen wird. Ich hätte einer davon werden können. Grausame Vorstellung. Beides ist nicht richtig. Da fehlt die eigene Verantwortung sich selbst gegenüber. Das ist ein unglaublich schwieriger Prozess.

Diese Aufgabe meistern bis heute nicht alle, die an so einer schweren Weggabelung der Entscheidung für ihren weiteren Lebensverlauf stehen.

Man kann in dieser Leistungsgesellschaft nicht allen Ernstes für sich in Anspruch nehmen wollen, dass das tägliche Lesen der Fernseh-Zeitschrift und das Beobachten der vier Jahreszeiten von der Couch aus reichen würde, um seinen Lebensunterhalt von Dritten (sprich dem allgemeinen Steuerzahler), bestreiten zu lassen. Im übrigen ist es ungesund, den ganzen Tag zu liegen. Eine Antriebslosigkeit par excellence. Wer sich so verhält, arbeitet ganz bestimmt nicht daraufhin, aus eigenen Kräften und finanziell über die Runden kommen zu können. Das ist eindeutiger Vertragsbruch zum obigen, genannten Auszug aus dem Sozialgesetzbuch.

Hier wird die vom Gesetzgeber zu Recht zu erwartende Leistung des Sozialhilfeempfängers nicht geleistet. Das gehört geahndet und sanktioniert. Zumindest dieser Punkt müsste nun allen bewusst geworden sein, die Sozialhilfe beziehen. Aber wie sieht am Ende des Lebens deren eigener Rechenschaftsbericht, jeder für sich betrachtet, aus? Möglicherweise denken diese Menschen zu wenig darüber nach.

Wenn man ernsthaft Hilfe braucht, ist der Staat zur Stelle. Trotzdem gilt für alle der Grundsatz dieses Systems: Wer arbeitet, soll mehr Geld zur Verfügung haben, als derjenige, der nur Leistungen bezieht. Leider sehen das nicht alle so. Und so kommt es fast schon zu lebenslangen Sozialhilfe-Karrieren, die das Gesetzbuch so ganz bestimmt nicht vorgesehen hat.

Wenn man den Gesprächen zwischen Sachbearbeiter und Kunden im Sozialamt lauscht, könnte man auf den Gedanken kommen: Wer führt hier eigentlich wen vor? Da werden ausgebildete Hochschulabsolventen, gelernte Verwaltungsfachangestellte, beschimpft und für blöd gehalten. Da werden von Empfängern der Sozialhilfe ganze Auszüge minutenlang aus dem Gesetz zitiert, da wird gezetert und teilweise böse agiert und eingeschüchtert. Und immer ist der Staat schuld.
Somit streiten diese Menschen erneut um ihr vermeintlich gutes Recht und ihre angeblichen Ansprüchen.

Eigene Weiterbildung anstreben, die Teilnahme an Fortbildungsmaßnahmen anmelden, Interesse an neuen Themen bekunden, mehr als nur seinen Namen schreiben zu können, alles Fehlanzeige. Was bin ich nur froh, damit nichts mehr zu tun zu haben.

Alleine die Vorstellung, dort ebenfalls eines Tages wieder antreten zu müssen, warum auch immer, versetzt mich, bis heute, in einen ganz unruhigen Zustand. Ich weiß, was Sie jetzt sagen möchten, der Mensch ist kalt wie ein Fisch. Verneinen möchte ich das noch nicht einmal. Damit geht es mir aber psychisch wie physisch besser, als noch vor 40 Jahren. Früher sind die Gefühle mit mir als Kind, als Jugendlicher, als Heranwachsender, Karussell gefahren.

Und manchmal träume ich sogar davon, wieder arm zu sein.

Apropos Karussell – mir fällt ein, wie wir die „Cranger-Kirmes" in Crange – sie wurde stets direkt am Rhein-Herne-Kanal aufgebaut – besucht hatten. Die Fahrt auf dem Kettenkarussell fiel für meine Schwester und für mich selbstverständlich aus, selbst wenn der Besuch auf einem Mittwoch („Familientag") gefallen wäre.

Es war zu teuer; von selbst hätten wir ohnehin nicht nachgefragt. Dafür gab es wenigstens ein Kirmes-Softeis für 50 Pfennig. Ausnahmsweise sind wir dann mit dem Bus hingefahren. Für kleine und kurze Kinderbeine war das nun doch zu weit gewesen. Ein kleines P.S. Crange ist ein Stadtteil von Herne.

Vielleicht ist Ihnen noch das Lied „Der Mond von Wanne-Eickel" geläufig. Wanne und Crange liegen gleich neben Gelsenkirchen.

Kaufe ich mir heute zum Beispiel einmal die renommierte und ausgezeichnete Wochenzeitung „Die Zeit", weil mich das Thema der ersten Seite interessiert, bekomme ich teilweise immer noch ein schlechtes Gewissen. Ich weiß, dass das Unfug ist, aber manchmal kann ich dieser Gedankenwelt nicht entfliehen. Da hilft mir auch kein noch so gutes Argument. Diese seriöse, anerkannte und mehrfach prämierte Zeitung kostet heute 6,00 €. Alles hat seinen Preis. Und viel lernen kann ich auch noch dabei. Das waren früher einmal zwölf Mark gewesen. Zwölf Mark für eine Zeitung. Unfassbar. Was kann ich dafür schon wieder alles kaufen? Und so kreisen die Überlegungen. Dann tut es mir leid, dass ich diese 6,00 € nicht in einen Briefumschlag gesteckt und ihn meiner Mutter zugeschickt habe. Es ist alles verkehrt.

Lassen Sie es mich so beschreiben: Als ich zum ersten Mal, eine, wenn auch kleine Rückerstattung vom Finanzamt Gelsenkirchen für den Lohnsteuerjahresausgleich bekommen hatte, erfüllte es mich mit großem Stolz.

Es war nicht so sehr der geringfügige Betrag in D-Mark, der dabei im Vordergrund stand, sondern mehr das gute Gefühl gewesen, im Jahr davor also mehr Steuern gezahlt zu haben, als ich es gemusst hätte. Somit hatte auch ich endlich einmal dem Staat einen Kredit im Voraus gewährt. Ab diesem Steuerjahr war ich endlich nicht mehr nur ein Mitglied vom Stamme Nimm, sondern konnte mit allen anderen Arbeitnehmern gleichziehen.

Ein vorletzter, aber kein leichter Gedanke: Haben meine Frau und ich deswegen keine eigenen Kinder? War meine persönliche innerliche Belastung zu groß, als das ich mich diesem schönen Thema überhaupt hätte öffnen wollen, geschweige denn können, oder haben wir beide unabhängig voneinander nur zu viel und zu lange gearbeitet oder liegt es daran, dass ich der Nachkriegsgeneration angehöre? Ich weiß es nicht. Eines hätte ich aber ganz gewiss nicht ertragen: Dass meine eigenen Kinder hätten arm aufwachsen müssen. Natürlich wäre das so nicht passiert. Niemals! Allein der Gedanke daran aber macht mich ganz krank.

Sicherlich wäre es schön gewesen, Kinder zu haben. Bestimmt hätte ich dabei wieder einmal in allem maßlos übertrieben und sie mit meiner Liebe erdrückt. Wetten?

Das wäre dann auch nicht richtig gewesen. Und meine Frau dagegen wäre ganz bestimmt die strengste Mutter geworden.

Selbstzweifel waren meine täglichen Begleiter. Auch außerhalb unserer Wohnung hatte ich diesbezüglich keine Unterstützung zu erwarten. Es fehlte wirklich an allem. Und damit begannen diese seelischen Schmerzen in meinem Inneren (die ohne Namen zurückbleiben müssen), zu wachsen, an der Pforte meines Kopfes und meines Herzens anzuklopfen. Ohne es zu registrieren, schwollen diese Lebensumstände mindestens zu einem starken und ausgeprägten Gefühl einer gewissen stillen und mehr nach innen gerichteten Minderwertigkeit, mir selbst gegenüber, an. Der Punkt war erreicht, von einer anfänglichen, tiefgreifenden Depression sprechen zu müssen. Ja, auch Kinder können früh davon betroffen sein. Von einer möglichen Resilienz habe ich damals nichts mitbekommen. Bei mir hatte sie sich nicht entwickelt. Wenn Sie so wollen, war ich bestens auf meinen Abstieg und auf die Treppe, die nach unten führt, gut vorbereitet. Alles sprach dafür, dass ich dort, wo ich hineingeboren worden war, höchstwahrscheinlich auch mein Leben lang bleiben würde. Meine Abstiegs-Spirale war schon nahezu schicksalhaft vorgezeichnet.

Und genau darin steckte die Tücke, die Falle, die Gefahr. Sie erfasste mich streng, umfassend, ließ mich nicht los. Sie begleitete mich jahrelang, bis heute.

Bildhaft umschrieben habe ich es immer mehr wie eine schwere Bleikugel an meinem Fuß empfunden. Ich kam nicht vorwärts. Selbstsicherheit und Selbstvertrauen sind wichtige Anker. Aber ich musste sie mir, immer wieder, irgend mehr woanders, abschauen und für mich kopieren, anstelle dessen es mir vorgelebt worden wäre. Das kostete mich unglaublich viel Kraft. Es ist mir erst spät gelungen, mich davon zu befreien. Der Aufwand dafür war hoch. Später bin ich daran fast zerbrochen, weil ich mich ständig überforderte, weil ich dauernd in Gedanken diesen Berg vor mir herschob. Schlafen, arbeiten, Überstunden, auch am Wochenende, und wieder schlafen gehen. Das war mein Lebensinhalt, jahrzehntelang. Mir alles selbst auferlegt. Ich wurde erst gar nicht in die Situation versetzt, auch nur einmal erleben zu dürfen, was es denn überhaupt heißen konnte, den Normal-Fall zu leben, zu erleben. Nein, ich war negativ belastet ohne Chance auf die Gesundung der jeweiligen Situation, in der ich stand. Das Verb „ausruhen" kannte ich nicht, wollte ich nicht kennen.

Zum Abschluss dieses wichtigen und emotionalen Kapitels zwei Gedanken, die mich stark geprägt haben:

Mich bewegen, nach wie vor, die Wörter „Danke" und „Bitte". Sie sollten in meiner späteren, beruflichen und privaten Entwicklung noch eine entscheidende Rolle spielen. Alles, was ich mir später selbst mit viel Kraft, mit hohem persönlichen Aufwand, erarbeitet hatte, wurde meinerseits ständig mit der Sorge begleitet, jemanden Danke sagen zu müssen. Von allein kann ich doch unmöglich etwas geschafft haben, oder? Muss ich nicht um etwas bitten? Ich war gut genug; ich wusste es bloß nicht. Es hatte mir niemand gesagt. Wirklich bewusst wurde es mir erst zu einem viel späteren Zeitpunkt im Rahmen einer erneuten Bewerbungs-Phase, durch einen bis dato mir völlig unbekannten Herrn. Er war Personalberater. Ihm fiel auf, wie oft ich in dem Gespräch mit ihm „Bitte" und „Danke" sagte. Das könne, solle ich jetzt besser einmal ablegen, so seine Aussage. Als kleines Kind habe ich es in meiner Welt fast nie gehört, als Erwachsener habe ich damit übertrieben. Es hat alles seinen Hintergrund. Das kann gar wissenschaftlich belegt werden. Hier spricht man von einer Kausalität. Amateurhaft umschrieben: Es hat sich eingebrannt. Und diese Kausalität hat es sich in meinem Unterbewusstsein gemütlich gemacht. Immer musste ich in allem übertreiben, auch im Danke sagen. Ich habe es früher als Kind nie gehört gehabt, dieses schöne Wort „Danke".

Auch kannte ich bis dahin nicht das Wort „devot", bemerkte dann schnell, dass ich zu diesem Zeitpunkt devot ausgerichtet war. Ich arbeite immer noch daran.

Wenn man in einer „abgeschotteten Welt" leben, aufwachsen muss, kann es eben nur zu einem sehr eingeschränkten Blick auf die Welt kommen.

Das erste eigene Geld verdient

1977, 14-Jährig, bin ich nachmittags, nach der Schule, regelmäßig in dem REWE-Lebensmittelgeschäft im Tossehof, um die Ecke, zum Arbeiten gegangen. Ich wollte endlich mein eigenes Geld verdienen. Ein eigenes Fahrrad ist sicherlich nicht zu viel Erwartung an die Mutter. Aber da hätte ich persönlich lange warten können. Ich verließ mich also lieber auf mich selbst und fragte den Ladeninhaber, ob ich bei ihm Hilfsarbeiten verrichten dürfte. Selbstverständlich ohne, dass die Schule darunter hätte leiden müssen. In den folgenden Ferienzeiten war ich dann jeweils in Vollzeit angestellt. Zusätzliche Sondereinsatztage während des laufenden Schulbetriebes, gab es auch. Standen Klassenfahrten, Projekttage in der Schule an, bei denen ich mangels Geld nicht teilnehmen konnte, war ich für diesen Tag acht Stunden am Arbeitsplatz. Das daraus in der Summe eine fünfjährige Fege-Karriere wurde, konnte ich zu diesem Zeitpunkt noch nicht ahnen.

Ich hatte Spaß, Freude am Arbeiten und war gerne in diesem Geschäft. Hatte neue und nette Menschen kennengelernt, viel zugehört, als junger Mensch nicht hart, dennoch viel gearbeitet. Es war keine Ausbeutung im Spiel.

Das Kartonmesser, der Hubwagen, der Besen und das Kehrblech waren meine ständigen Begleiter im Geschäft. Die Abteilungsverantwortlichen Verkäufer und Verkäuferinnen übergaben mir gleich morgens, zum Beispiel jeden Samstagmorgen, um 7.00 Uhr, ihre Lager-Wünsche per Notizzettel und ich legte los. Im Keller lud ich die Ware, pro Abteilung, in einen Einkaufswagen und übergab sie dann oben im Hellen. Kurzum: Mir tat diese neue Welt gut. Und vier Mark pro Stunde waren für mich kleinen Mann ein Vermögen! Stolz wie Bolle, für jede gearbeitete Viertelstunde eine Deutsche Mark verdient. Und Klaus Fischer, deutscher Nationalspieler, damals noch beim FC Schalke 04 unter Vertrag und gleich fast nebenan vom Laden wohnend, kam auch ab und zu mal zu uns in das Geschäft, um persönlich einzukaufen. Allerdings war ich dort „von Beruf" Lagerist. Glauben Sie mir, ich weiß gar nicht, wie viele Straßenbesen (Typ: Extra grob, rote Borsten, 42 cm lang), ich bis heute zerschlissen habe. Nachteil: Der Besen-Stiel war zu lang. Die provozierten und somit vorprogrammierten Wirbelsäulenschäden von damals spüre ich heute täglich. Wenn das Ladengeschäft, am Samstagmittag, nach 14.00 Uhr, geschlossen wurde und alle Lichter ausgegangen waren, kam die Lagerabnahme dran.

Zuerst die genaue Inspektion des gefegten Kellers mit persönlicher Inaugenscheinnahme vom Chef, (ca. 300 qm² groß), dann oben im Wareneingangslager stehend, folgte die penible Prüfung seinerseits, ob alle Euro-Paletten (mindestens 100 Stück), sauber übereinandergestapelt waren und somit am Montagmorgen zum schnellen Abholen bereitstehen konnten. Erst danach wurde ich vom Chef ins Wochenende entlassen. Durch das ständige und langjährige Aufeinander-Stapeln dieser schweren Holzteile, habe ich mir frühzeitig den Meniskus abgeholt.

Darauf zum Wochenbeginn, auf dem Weg zur Schule, beruhigte ich mich selbst: Der Keller ist gefegt! Die Bürgersteigabschnitte sind sauber. Den Zigaretteneimer vor der Eingangstür (wie eine Sanduhr geformt und mit Kieselsteinen beklebt), habe ich von Zigaretten- und Zigarrenstummeln sowie Kaugummi-Resten befreit. Die an den Mauern, rund um den Supermarkt, hängenden Metall-Abfallkörbe, habe ich alle geleert. Es ist alles gut; ich darf wiederkommen.

Komisch, ich werde wohl bis an mein Lebens-
ende leidenschaftlich fegen. Das bekomme ich
einfach nicht mehr heraus. Spätestens am
Samstagnachmittag ist heute mein eigener
Bürgersteigabschnitt sauber abgefegt. Typi-
sche, schwäbische Kehrwoche. Das Geld,
das ich verdiente, ließ ich im Tresor von
meinem Chef aufbewahren, mit Wissen meiner Mutter. Ich wollte unbedingt erst einmal
ein richtiges Bett davon kaufen. Später habe
ich mir dann das Fahrrad in Kombination mit
Konfirmationsgeld zusammengespart. Und
partout vorher kein Geld für irgendwelchen Fir-
lefanz ausgeben. Ich hatte meinen gesamten
Arbeitslohn eiserne zwei Jahre lang gespart.
Dann hatte ich es geschafft.

Die alte Schalker Couch aus der Herbertstraße konnte endlich entsorgt werden. Natürich
war ich stolz darauf. War es doch nun ein
ganz modernes Bett mit echtem Latten-Rost,
Matratze, gar mit Leselampe und Radio ausgestattet. Zuhause interessierte es bedauerlicher-
weise niemanden. Ich bin über die Jahre nicht
dem Geiz verfallen. Dennoch gebe ich bis heute mit großer Achtung vor dem, was etwas
kostet, mein Geld aus.

Meine Berufsausbildung

1979, Hauptschule an der Hansastraße. Ich kann mich gut erinnern. Unsere Abschlussklasse bekam Besuch. Die Nachwuchs-Organisation der Zeche „Consolidation" marschierte in Gruppenstärke auf, um für die Berufs-Ausbildung zum Bergmann zu werben. 900 Deutsche Mark gab es damals schon im ersten Lehrjahr. Das war unglaublich viel Geld für einen Lehrling. Mit Untertage-Arbeit; Zulagen extra. In der Bergmannssprache heißt es „Bergknappe". Der eine oder andere meiner Mitschüler hatte unterschrieben. Wenn der Bergknappe seine Ausbildung erfolgreich abgeschlossen hatte, wurde er Bergmann. Für unseren Jahrgang ein Unding. Dass Kohle keine Zukunft hatte, wussten bereits 1979 alle Beteiligten. Ich wollte Koch werden. Ich hatte ernsthaft daran geglaubt. Kein Sternekoch mit eigenem Restaurant, auf dem Schiff zur See fahrend und die Welt kennenlernend. Nein, herkömmlich in Gelsenkirchen die Berufsausbildung absolvieren und dann in einem Hotel arbeiten. Das fand ich zum damaligen Zeitpunkt erstrebenswert. 15-Jährig machte ich mich auf den Weg, ohne „meinen Keller" zu vernachlässigen, in einem renommierten und mit internationalem Flair ausgestatteten Hotel, das Praktikum in dessen Küche zu absolvieren.

Im damals feinen und hochherrschaftlichen Hotel MARITIM, in Gelsenkirchen. Noch keinerlei Pflichten kennend, hospitierte ich, heute heißt es rotieren, in jeder Abteilung der großen Küche und fand großen Spaß daran, mitzuwirken. Die große Hochzeitstorte, die kalte Platte, das Süppchen, die Vor- und Nachspeise. Noch 1979 fiel die Bewerbung zum Jungkoch erfolgreich aus; die Berufsausbildung gleich angetreten, verdiente ich nun 16-Jährig, mein erstes eigenes Lehrgeld, meine erste eigene Ausbildungs- Vergütung. Ich war ja so stolz. Ort: In der Küche vom städtischen Rathaus in Gelsenkirchen-Stadtmitte mit dem schönen Namen, Hans-Sachs-Haus. Hans Sachs war ein fränkischer Meistersinger im 15.Jahrhundert gewesen. Aber kaum hatte ich den echten Dienst angetreten; der erste Schock. Die Arbeitszeit veränderte sich massiv. Bis 22.00 Uhr oder später arbeiten müssen. Dann habe ich die Milch anbrennen lassen und die Suppe verkocht, die noch blutige Schweinehälfte beim Abtransport aus dem Kühlhaus in den Nacken bekommen. Große Hektik, starke Betriebsamkeit, ewiges Herumschreien ertragen müssen und Anpfiffe vom Koch ohne Ende kassiert. An dieser Stelle kam meine persönliche Motivation nicht zur Geltung. Koch ade. Gleich zurück in das Einzelhandelsgeschäft, bei dem ich schon seit vielen Jahren als Lagerist gearbeitet hatte.

Glück gehabt, war alles nur halb so schlimm. Der Chef war nicht böse mit mir. Ausbildungsvertrag für zwei Jahre zum Verkäufer bekommen, Berufsschule gewechselt und ich packte es von Neuem an. Zur Berufsschule ging es mit dem Bus hoch nach Buer. Alle anderen hatten ein Auto. Ein Opel Kadett C war damals schwer angesagt. Ich selbst war stolz darauf, dass ich die Bus- und Straßenbahnfahrkarte von meinem eigenen verdienten Geld bezahlen konnte.

Allerdings konnte ich nicht damit rechnen, dass mich mein Chef, auch als Auszubildenden, ähnlich weiter verwendete, wie vor der Ausbildung – als Lagerist, der ich ja nun nachgewiesener Weise bisher immer gewesen war. Offensichtlich hatte mich der Ladeninhaber wohl in bester Erinnerung, als einen fleißigen und beharrlichen Zuarbeiter für das Grobe, behalten. Und so trug ich wieder den schweren Stoffkittel, der mich im Sommer zerlaufen und im Winter verkühlen ließ, weil ich schwitzte und ständig im kalten Lager herumlief. Und da war ich wieder an meinem alten Arbeitsplatz zurück: Im Keller. Abkommandiert zum Fegen. Das verschmutzte, verklebte Neonröhren-Licht war ich ja schon gewohnt und wie immer, gefegt.

Meine Mindesthaltbarkeits-Prüfungen (MHD) bei den Konservendosen und dem Obst im Glas, erneut aufgenommen. Dann geschah ein Wunder. Eines Tages holte mich mein Chef in den hell erleuchteten Verkaufsraum herauf, um mir mitzuteilen, dass ich ab heute befördert bin und nun auch die Kunden mit bedienen dürfte. Für diese neue Aufgabe übergab er mir einen ungetragenen, schneeweißen Nylon-Kittel, der leicht war wie eine Feder. Mit Namensschild. Mein Name darauf war mit der Schreibmaschine geschrieben worden. Meinen alten schweren Stoff-Kittel konnte ich an den berühmten Nagel hängen. Und ich bekam zum ersten Mal, in meinem Berufsleben, Verantwortung übertragen. Mir gehörte ab jetzt die Molkereifrischprodukte-Abteilung; im Fachjargon auch gerne „Mopro" genannt. Das erfüllte mich mit Zufriedenheit. Ich muss nicht besonders erwähnen, was es heißt, wenn mitten im Sommer die Kühlung in dieser Abteilung ausfällt und alles vernichtet werden muss. Diese Schweinerei schildere ich erst gar nicht im Detail. Auch ist es nicht schön, wenn der LKW-Fahrer von unterwegs anruft, um mitzuteilen, dass wiederum nun seine Kühlung ausgefallen sei. Holen Sie mal diese Butter aus dem Lastkraftwagen. Den Geruch werden Sie nie wieder los. Da können Sie sich duschen, wie Sie wollen.

Den Arbeitslohn, den meine Schwester und ich als Auszubildende verdienten, lieferten wir beide jeden Monat wie selbstverständlich, in bar und auf den Pfennig genau, brav zu Hause ab. Am Anfang hieß es noch Lehrgelder.

Das Einkommen, die Sozialhilfe meiner Mutter und die beiden Ausbildungsgelder – davon mussten wir, immer, alle drei, einen ganzen Monat leben. Wie schon erwähnt, das Kindergeld wurde als Einkommen angerechnet. Ein eigenes Konto war uns fremd. Geld durfte nicht für sich alleine gespart werden; es gehörte alles in den großen Topf, bis auf die Couch. Auch musste das Geld wieder für die nächsten 30 Tage reichen. Für meine Schwester und für mich war das eine entbehrungsreiche Zeit.

Kleideranträge, Mehrbedarf oder ähnliches konnte nun nur noch meine Mutter für sich selbst beantragen, denn wir Kinder verdienten unser eigenes Geld, das wiederum angerechnet wurde. Somit kamen wir niemals und zu keiner Zeit auf den berühmten grünen Zweig.

Eines Tages rief mich mein Chef zu sich, meine Mutter hätte angerufen, ich solle sofort nach Hause kommen. Mit riesigem Schreck und voller Sorge lief ich nach Hause;

der Lebensmittelladen lag in Fußweite von dem Haus, in dem wir wohnten). Was mochte nur passiert sein? Schon im Hausflur hörte ich meine damals 17-Jährige Schwester laut weinen und noch lauter schreien. Was einem in diesem Moment alles so durch den Kopf gehen kann. In der Wohnung angekommen, war ich hilflos. Meine Mutter hatte mit mehreren Kleiderbügeln, Stangen, auf meine Schwester eingeschlagen. Sie sah furchtbar aus. Striemen am ganzen Körper, Blut lief, beide Hände und Arme verletzt.

Meine Mutter hatte herausgefunden, dass sich meine Schwester ein paar Mark von ihrem eigenen Lehrgeld zur Seite gelegt hatte und dieses Sparbuch lag in der Firma, in der sie ihre Berufsausbildung absolvierte. Höchstwahrscheinlich von einer ihrer Kolleginnen in Verwahrung genommen worden. Und diesen Umstand des angeblichen Vertrauensbruches nutzte meine Mutter, um ihren Frust freien Lauf zu lassen. Was ist im Leben unserer Mutter schiefgelaufen? Ich weiß es bis heute nicht. Aber an diesem Tag ist bei uns allen viel zerstört worden.

Nicht jede Mutter
kann ihre „Mutterliebe" zeigen.

Der blaue Brief vom Sozialamt

1979. „Wer arbeitet, der kann auch zurückzahlen!"

Es dauerte nicht lange und ich bekam prompt meinen ersten blauen Brief vom Sozialamt der Stadt Gelsenkirchen zugestellt und das bereits als 16-Jähriger Auszubildender im ersten Lehrjahr. Er war in der Tat blau, dieses blasse, schon blaugraue, in der gleichen Farbgestaltung, wie wenn die Versetzung in der Schule gefährdet gewesen wäre. Ich wusste schon vorher, was das bedeutete. Ich hasste ihn bereits, obwohl ich ihn noch gar nicht geöffnet hatte. Eigentlich hätte sich mein Missmut auf meine Mutter konzentrieren müssen; soweit dachte ich damals nicht. Noch war sie für mich die Gute in diesem bösen Spiel.

Was stand darin? „Als Sohn stehen Sie im Verwandtschaftsverhältnis zu Ihrer Mutter in erster Linie. Somit sind Sie dem Gesetz nach Ihrer Mutter gegenüber unterhaltspflichtig."

Ich las von einem unmissverständlichen Aufruf, direkt und unverzüglich meine persönlichen Vermögensverhältnisse offen darzulegen. Verständlicherweise hat es mich erschlagen. Ich war unglaublich wütend, wollte alles niederreißen.

Hätte ich Abitur gehabt, wäre ich Student geworden, vielleicht bis zum 27. Lebensjahr studiert, wäre nichts geschehen. Ich hätte den Brief, mit dem Hinweis, „noch Student", zurückschicken können. Hätte, hätte, Sozialamt-Kette. Also kopierte ich meinen Lohnnachweis und schickte ihn dem Sozialamt zu; noch mit dem Hinweis versehen, dass ich kein weiteres Vermögen, außer meinem monatlichen Einkommen, nachweisen könne. Meine Ausbildungsvergütung lag ungefähr bei 300 Deutsche Mark (brutto). Ergebnis der Überprüfung: Ich musste zahlen. Technisch gesprochen, ich musste nicht direkt an das Sozialamt in Gelsenkirchen monatlich überweisen; meiner Mutter wurde schlicht weniger Geld überwiesen. Da wir in einem Haushalt lebten, sie der Haushaltsvorstand war und ich in dieser Bedarfsgemeinschaft mit wohnte, bekam sie eine gekürzte Sozialhilfe. Das Ergebnis blieb gleich. Ich konnte keinerlei Geld sparen, das mir doch so wichtig war. Konnte mich nicht für die Zukunft ausrichten.

Sozialhilfe steht dem Gesetz nach nur Menschen zu, die keinerlei Leistungsfähigkeit mehr aufzeigen oder den täglichen Bedarf nicht mehr aus eigener Kraft erwirtschaften können. Das sollte auch auf meine Mutter zutreffen? Ich bekam erste, neue und kritische Gedanken im Verhältnis zu meiner Mutter.

Ob wir nun wollten oder nicht, wir mussten damit auskommen, was uns zur Verfügung stand. Die Ausbildungsvergütung meiner Schwester, von mir und die Sozialhilfe, die das Amt für meine Mutter überwies. Die Miete und das Warmwasser wurden vom Amt direkt an den Vermieter überwiesen. Den Strom und das angemietete Telefon (30 Einheiten inklusive), bezahlten wir selbst. Deswegen stand immer eine kleine Uhr neben dem Telefonapparat. Und bloß keine weitere Einheit mehr vertelefonieren. Aber wir kannten sowieso niemanden, den wir hätten anrufen können.

Viele Jahre später, ich kann mich noch gut erinnern, hatte ich es einmal gewagt, mich im Sozialamt in Gelsenkirchen zu beschweren, da ich ständig unter Kontrolle stand, mein angebliches Geldvermögen offenlegen zu müssen. Offensichtlich meinten sie damit ein eventuelles Sparbuch. Als ich dort im Zimmer stand, traf mich fast der Schlag. Das Büro war ein einziges Chaos und der Sachbearbeiter, der für mich zuständig war, trug lange, fettige Haare, eher schmutzige Jeans und Cowboyboots mit schiefen Absätzen. Ich habe keine Minute erlebt, dass sich meine Mutter nach diesem Western ernsthaft einmal Gedanken darüber gemacht hat, machen wollte, wie es mit ihr, mittlerweile 46-jährig, beruflich denn nun endlich weitergehen könne.

Für sie schien es der Normalfall zu sein, dass der eigene Sohn auf sein Einkommen hin geprüft und gegebenenfalls sogar Unterhalt zahlen musste. Ich habe bis heute kein „Es tut mir leid", von ihr gehört. Meine Schwester blieb dem Gesetz nach verschont, da weiblich. Sie hat trotzdem genau so gelitten. Kleines Fazit: Meine Mutter hatte kein Verhältnis zur Arbeit. Frage: Kann ich da noch motiviert sein? Kann ich noch für mich in Anspruch nehmen, mich selbst motivieren zu wollen, ja, motivieren zu müssen? Ja.

Was habe ich gemacht? Mich selbst stärker in die Pflicht genommen. Wollte mehr arbeiten, gutes Geld verdienen. Stattdessen wurde aber immer mehr Einkommen vom Sozialamt abgezogen, sprich die monatliche Auszahlung der Sozialhilfe an meine Mutter wurde immer kleiner. Ich habe mehr und mehr von mir selbst gefordert. Ich nährte mich mit dem Gedanken, dass ich jetzt in der Lage gewesen wäre, alles wieder wett machen zu können. Das habe ich mir ein Leben lang auferlegt. Keiner hat mir gesagt, hör auf damit, lass gut sein; alle haben immer weiter zugeschaut, niemandem ist es aufgefallen, bis es dann eines Tages, viele Jahre später, wirklich nicht mehr ging. Was schwerer wiegt: Ich hatte darüber hinaus einen Rucksack geschultert, an dem ich psychisch nahezu zerbrach.

Das alles aus einem inneren, subjektiven Druck, aus einer umgekehrten, negativen Motivation heraus, nie mehr alles so erleben zu müssen, wie meine ersten 16 Lebensjahre verlaufen waren. Es einfach besser machen zu wollen, war mein ureigenster Antrieb dabei. In diesem Zusammenhang spricht man in der medizinischen Wissenschaft auch von einer Resilienz. Das ist eine Art psychisches Immunsystem. Sich selbst motivieren zu können, an solchen Szenen zu erstarken, ist ein besonderes Phänomen dabei. Und ja, sie gibt es auch bei Kindern. Es kann auch kippen. So wird man nicht nur sich selbst gegenüber hart, sondern auch seiner Umwelt gegenüber. Ich kann, wie bereits erwähnt, die Resilienz bis heute nicht spüren. Alles führt unweigerlich zu den nächsten Konflikten. Und sehr viel später, wurde ich von meiner Mutter verraten. Was war passiert?

Bis in die 1990er Jahren gab es folgende Praxis in den Sozialämtern: Das Sozialamt legte dem jeweiligen Sozialhilfe-Empfänger eine Unterlage vor, den der- oder diejenige abschreiben sollte, aber nicht musste. Natürlich kann ein Sachbearbeiter eines städtischen Amtes jemanden bitten, etwas zu unterschreiben; er darf nur nicht darauf beharren, dass etwas unterschrieben werden müsste.

Und daher hätte hier eine Verweigerung der Unterschrift zu keinerlei Nachteilen führen dürfen. Der Kunde, die Kundin, war sich jedoch nie allzu sicher dabei.

Text: Einwilligungserklärung für das Sozialamt, den Sohn verklagen zu können, sollte er nicht der Aufforderung zur Zahlung durch das Amt nachkommen wollen. Somit würden jegliche Ansprüche des Staates in der Nachverfolgung auf das hiesige Sozialamt übergehen.

Was soll ich lange erzählen? Meine Mutter hatte den ihr vorgelegten Text handschriftlich abgeschrieben und unterschrieben. Das habe ich aber erst viele, viele Jahre später erfahren. Gesagt hat sie es mir nicht. Es wäre ja angeblich nur pro forma gewesen, hieß es dann lapidar ihrerseits und das erst sehr viel später. Der Schaden, den sie damit in meinem Innersten angerichtet hatte, konnte nicht gekittet werden. Ich fühlte mich verraten und verkauft. Der Riss zwischen uns war eindeutig, für alle Beteiligten zu spüren. Ich blieb mehr als enttäuscht, beschädigt und erniedrigt zurück.

Vergeben können
musste ich erst noch lernen.

Mit dem Wissen, dem Selbstbewusstsein und dem Mut von heute, diesem Verhalten entgegentreten zu können, hätte mir ein Fachanwalt für Verwaltungsrecht sicherlich viele Tausende Deutsche Mark ersparen können. Trotz allem positiv geschrieben: Das, was der Staat mir und meiner Schwester für unsere ersten 18 Lebensjahre großzügig zugedacht, geliehen hatte, habe ich doppelt und dreifach zurückgezahlt. Wir waren quitt miteinander.

Die Unterhaltsverpflichtung einer Mutter gegenüber gilt lebenslänglich. Ferner steht hier ein Sohn, gesetzlich im Verwandtschaftsverhältnis betrachtet, immer in erster Linie zur Mutter. Sie wird lediglich gehemmt, wenn ein Anspruch auf Sozialhilfe im Rentenalter auf die Grundsicherung übergeht. Wenigstens etwas.

1981, nach der erfolgreichen Verkäufer-Prüfung, durfte ich bei meinem Arbeitgeber noch anschließend den Beruf des Einzelhandels-Kaufmannes lernen. Was habe ich mich über diese Zusage durch meinen Arbeitgeber gefreut. Lernen, lernen, lernen. 1982, etwas später, gingen dann auch für mich drei Jahre der Lehre um. Hauptschulabschluss, den Verkäufer, den Einzelhandelskaufmann und den Führerschein in der Tasche, einen alten VW Käfer für 900 D-Mark gekauft, kam auch schon der Einberufungsbescheid mit vorhergehender Musterung „T2". Wenige Wochen später saß ich im Zug, um meinen Wehrdienst in der Hendryk-de-Wynen-Kaserne in Borken/Westfalen anzutreten und um mich im Anschluss daran, Schritt für Schritt, für insgesamt zwölf Jahre zu verpflichten. Eine bessere Entscheidung konnte ich zum damaligen Zeitpunkt nicht treffen. Ich fand dort nicht nur Kameradschaft und Disziplin, sondern auch ein Treffen auf Augenhöhe mit allen Kameraden. Auf einmal war ich nicht mehr der indirekte, ehemalige Sozialhilfe-Empfänger. Es gab eine Gruppe, die gehörte zu einer Batterie und ich gehörte als Soldat, mit gleicher Uniform, mit meinem Dienstgrad, mit meinem Charakter und meiner persönlichen Leistung dazu, wie jeder andere Soldat auch. Nicht mehr, aber auch nicht weniger. Den Pichelsteiner Eintopf zum Mittagessen haben wir alle zusammen im Verpflegungssaal gegessen.

Die eigene Motivation,
die Erfahrung „arm zu sein",
warnt mich bis heute davor,
persönlich und finanziell
abhängig sein zu müssen.

Bildergalerie

Dieses wunderschöne Glasmosaik

hing einst im alten Bahnhofsgebäude von Gelsenkirchen, bevor es abgerissen wurde. Das
ehemalige Mode- und Pelzhaus Boeker (damals direkt gegenüberstehend), hatte es vor
dem Mitabriss gerettet und an seine eigene
Hauswand installieren lassen. Es zeigt heute
den Besuchern die vielen Industrie-Berufe, die
es früher noch in dieser „Malocher-Stadt" gab
und die diese Stadt einmal so groß gemacht
hatte.

Von links nach rechts: Die Chemie, das Glas,
die Kohle, Stahl und Eisen und die Beklei-
dung. Privates Foto aus den 1990er Jahren.

Die Schalker Trinkhalle,

„dat Wasserbüdchen", in der Herbertstraße in Schalke, neben der wir bis 1971 direkt gewohnt hatten. Sie steht heute noch da; „volles Sortiment". Nur heute ohne frischen Fisch und dem WAZ-Zeitungsständer (Westfälische Allgemeine Zeitung), früher auf dem Bürgersteig stehend gewesen. Privates Foto aus 2018.

Weisheit

**„An den Scheidewegen des
Lebens stehen keine Wegweiser.**

Charlie Chaplin, Komiker
(1889-1977)

Zum Abschluss

Habe ich mich nach allen Erlebnissen stark verändert, ist mein eigener Charakter ein anderer geworden? Bin ich vom Leben enttäuscht? Trauere ich Chancen nach, die ich nie angeboten bekam? Möglichkeiten, die ich nie erreichen konnte, auch wenn ich mich noch so sehr angestrengt hätte? Ich weiß es nicht. Ich bin ein anderer Mensch geworden, ungewollt. Unsensibel. Das Wort kannte ich jahrelang nicht; heute bin ich es. Verrückt habe ich mich früher gemacht, wegen allem und jedem. Ungeduld, so etwas kannte ich gar nicht. Ich war die Ruhe in Person. Für alle ein offenes Ohr, stundenlanges Zuhören können, war mein Markenzeichen. Bin ich unleidlich anderen Menschen gegenüber, ist mein Ton rauer und unfreundlicher geworden? Leider ja, teilweise sogar ganz fürchterlich. Dazu begleitet mich ein unerklärlicher Jähzorn. Gerade dann, wenn es um Ungerechtigkeiten und Unwahrheiten, mir persönlich, aber auch schwächeren Menschen gegenüber geht, könnte ich aus der Haut fahren. Ich weiß, dass es mir schadet und kämpfe dagegen an, so gut ich kann. Trotzdem übermannt es mich, unangemeldet. Das ist meine subjektive Wahrnehmung. Manchmal erkenne ich mich selbst nicht wieder. Diesbezüglich bleibe ich beschämt zurück.

Zum anderen weiß ich jetzt ungefähr, womit ich solange gehadert habe. Das war nicht meine angegriffene Persönlichkeit, nicht meine potentiellen Defizite, keine Einflüsse von außen – dieses Problem war im wahrsten Sinne des Wortes, hausgemacht.

Kein Gefühl der Nähe spüren zu können, keine wohltuende Umarmung geschenkt zu bekommen, eine fehlende, liebevolle Berührung, nicht nur soziale Kälte spüren zu müssen, sondern auch keine familiäre Wärme empfangen zu dürfen, ist schwer für ein kleines Kind. Auf den Punkt: Es ist unerträglich und belastend für das ganze Leben. Mein Start in das Leben war, auch deswegen, ausgesprochen holprig. Ich konnte nicht mit einem Plus in das Leben springen, ich durfte nicht bei null beginnen. Es war das satte Minus auf meinem Lebenskonto, das ich erst einmal wettmachen musste. Ich bin sozusagen, nicht bloß mit imaginären Schulden auf die Welt gekommen, sondern mit echten, monetären Schulden, von denen ich als kleines Kind noch nichts wissen konnte, das ich sie einmal haben und später würde zurückzahlen müssen.

Geldarmut, Wohnarmut, Kleiderarmut, Essensarmut. Noch belastender ist die Kontaktarmut, von der man unweigerlich direkt betroffen ist.

Kein Korrektiv des Handelns, keiner sagt, was richtig oder falsch sein kann. Kein Zurückpfeifen, wenn der falsche Weg eingeschlagen wurde. Keine führende, vertrauensvolle Hand. Alles das lässt einen jungen Menschen auf dem eigenen Weg in das Leben ratlos zurück. Konstruktive, positive Kritik üben, von einer Fehlerkultur lernen zu können, davon bekam ich erst zu hören, als ich Soldat wurde. Ich rannte allem hinterher, allem nach, ich wollte, wenn auch unbewusst, erst einmal meine Altschulden loswerden, um unbelasteter und freier mein eigenes Leben beginnen zu können. Aber das kostete nicht nur Kraft und Anstrengung, sondern vor allem psychische Energie. Sozusagen habe ich bereits am Anfang und in den darauffolgenden ersten dreißig Jahren meines eigenen Lebens, alle meine Kraft unbewusst verbraucht. Medizinisch gesprochen: Ich habe mir mein Erschöpfungssyndrom wirklich hart erarbeitet.

Inzwischen wurde meine Schwerbehinderung vom Versorgungsamt auf einen hohen und unbefristeten Grad festgelegt. Fünf unterschiedliche Grunderkrankungen runden die ungesunde Gemengelage ab und rechtfertigen dieses kleine, grüne Dokument. Es kann nicht immer nur alles Einbildung sein. Was mich noch immer quält, ist diese andauernde, fast schon Tag umfassende Müdigkeit.

Die Medizin spricht hier auch von einem Fatigue-Syndrom. Übersetzt heißt das, dass einem die physische aber vor allen die seelische Müdigkeit stark zu schaffen macht. Sie übermannt und beschäftigt den Patienten manchmal mehr, als das eigentliche Problem selbst.

2023 werde ich 60 Jahre. Im Grunde ein schönes Jubiläum, um dann zurückschauen zu können. Was war, was kommt. Die Erwerbsunfähigkeitsrente wurde mir in 2021 zugesprochen; die täglichen, gesundheitlichen Einschränkungen sind zu stark ausgeprägt, als dass ein weiteres Arbeiten möglich gewesen wäre; Langzeitfolgen! Nur ein Jahr später feiert meine Mutter ihr ganz spezielles, persönliches „Sozialamt-Jubiläum". 2024 hat sie 60 Jahre Bezug von Sozialhilfe inne. Ein einsamer und trauriger Rekord. Was soll ich noch sagen. Es erschlägt mich und mir graut es heute schon vor diesem Datum. Ich könnte nur noch weinen. Es wurde allerhöchste Zeit, dass ich mich damit auseinandergesetzt habe, was mich die Jahre psychisch gequält hat, vor allen Dingen, um nun einmal alles emotional zu lösen. Ja, Schreiben kann eine Therapie sein.

Sicherlich sagt der eine oder andere Leser nun: „Der Mann ertrinkt ja geradezu in seinem Selbstmitleid". Andere denken vielleicht, sonderbar, womit sich dieser Mann sich so ein Leben lang beschäftigt hat. „Das wäre doch gar nicht nötig gewesen."

In den Augen dieser Leserinnen und Leser kann das alles richtig sein, mag das zutreffen. Auch wenn die Voraussetzungen, sagen wir mal, nicht ganz optimal vorbereitet gewesen sind, was dann... In einer Arbeitswelt, in der die meisten von uns leben, die nur Leistung, keine Schwächen, fast keine Gemeinsamkeiten und keine ehrliche Zusammenarbeit kennt, kann es recht schwierig werden, sich zu behaupten. Genau deshalb sind so viele Menschen, wie ich, die Kriegsenkel-Generation, innerlich gespalten.

Und immer muss angeblich alles so perfekt sein, zumindest aber so aussehen – als ob es das wäre. Nein, ich möchte nicht mehr perfekt sein müssen. – Das war ich zu keinem Zeitpunkt. Ich strebte es täglich an, gescheitert blieb ich von dieser dummen Ochsentour erwerbsunfähig und krank zurück.

In einer Umwelt, die von Leuten besetzt wird, die entweder auf die da unten hinunterschauen oder sie völlig ignorieren wollen, ist es sehr schwer, seinen Platz (wie schon beschrieben), in der Mitte dieser Gesellschaft finden zu können. Noch schlimmer, wenn Menschen sich dazu aufschwingen und einem den Platz „in ihrer Gesellschaft" zuweisen wollen.

So meine ich, für mich allein betrachtet, ihn gefunden zu haben und zwar ohne Hilfe von sogenannten Gut-Menschen oder Helfern, die nur sich selber helfen und andere wiederum als ihr Alibi dafür missbrauchen wollen. Und vorsichtiger bin ich geworden. Mein Vertrauen verschenke ich nicht mehr ganz so leicht. Meine eigenen, wirklichen Freunde, denen ich mich öffnen möchte, bei denen ich traurig sein darf, kann ich an den Fingern abzählen. Die Zeit der Selbstzweifel ist (fast) vorbei.

Denke ich aber an meine ersten 18 Lebensjahre zurück, spüre ich immer noch so etwas wie eine besondere Form der Angst, eine dumpfe Unsicherheit in mir; ähnlich dem Gefühl, nichts wert zu sein. Enttäuschungen über so vieles in meinem Leben dagegen kann ich besser wegstecken. Verlustängste machen sich breit; sie überfallen mich gerade zu und etwas Diffuses, nicht Erklärbares, steckt ganz tief in mir. Einen unerklärlichen Druck spürend, ich müsste immer wieder alles zerstören, was ich bisher erreicht habe, um erneut in Armut leben zu können. Glücklicherweise holen mich diese fürchterlichen Gedanken nicht mehr an jedem einzelnen Tag ein.

Ich habe eine liebe Frau, einen braven, treuen Zwergschnauzer und ein bezahltes Eigenheim. Alles gut. Einen Baum habe ich auch gepflanzt. Eine gewisse, wirtschaftliche Stabilität und ein geregeltes Einkommen geben mir heute die Sicherheit, die ich ein ganzes Leben angestrebt hatte, nie fand und doch so sehr brauchte. „Sicherheit zuerst!", war schon immer mein Lebensmotto. Kann ich auf mich stolz sein? Darf ich überhaupt auf mich stolz sein? Ich bin es nicht. Ich kann es nicht. Natürlich dürfte ich es sein. Ich gestehe es mir persönlich nur nicht zu. Ein Gönnen, ein sich ausruhen dürfen, mir gegenüber großzügig sein, das alles war mir lange Zeit, viele Jahre, fremd. Gerne hätte ich früher einmal auf der Sonnenliege im Garten gelegen und einfach nichts getan. Ich konnte das nicht. Als ich es dann ernsthaft versuchen wollte, musste ich es erst mit Hilfe von außen lernen. Woran es lag, wurde mir erst sehr viel später bewusst. Wenn meine Mutter meint, sie hat doch alles gegeben, für uns mit harten Bandagen gekämpft, sich auf dem Amt durchgesetzt, wenn sie sagt, es hätte doch meiner Schwester und mir an nichts gemangelt und wir hätten doch immer alles gehabt, was wir zum Leben gebraucht haben, schweige ich. Seltsam, für diese Gespräche stehe ich einfach nicht mehr zur Verfügung.

Und so bleibe ich mit dem schlechten Gefühl zurück, dass ich nun schon ein halbes Jahrhundert mit mir herumschleppe. Wie gerne wäre ich ein Familien-Mitglied kleiner Leute gewesen. Aber mehr als das Arme-Leute-Milieu ist es damals leider nicht geworden.

Aufstiegs- und Existenzsorgen, selbst auferlegte Aufstiegszwänge haben mich mehr gebremst, als nach vorne gebracht. Ein Leben auf der Überholspur? Nein, ganz gewiss nicht. Vielleicht wollte ich mich stattdessen immer selbst überholen, registriert hatte ich das alles nicht. Und Vollgas fahren, habe ich nie gelernt. Viel lieber und nur zu gerne wäre ich auf die möglich gewesenen Lebensleistungen meiner Eltern, gerade meiner Mutter, stolz gewesen. Daran hätte ich Freude gehabt. Wenn ich hätte zusehen dürfen, wie sie heute ihre eigene, erarbeitete Rente genießen könnte. Stattdessen führen wir unregelmäßig Telefonate, bei denen sich ständig neue Minusrekorde einstellen. Eine Minute bin ich schon gewohnt gewesen, inklusive Sprechpausen. Das letzte Gespräch dauerte allerdings nur noch ganze 19 Sekunden. Sollte zufällig, gerade in dem Moment, während ich meine Mutter besuche, meine Schwester bei ihr anrufen, sagt sie nur zu ihr: „Ich habe Besuch!", und legt dann wieder auf.

Mein Garten ruft mich morgens zur Pflege. Dort will ich sein; dort kann ich in Ruhe für mich arbeiten. Da will ich sein. Wie kann ich mich heute über eine blühende Cottage-Rose freuen. Gärtner sein dürfen, wenngleich privat, beglückt mich. Diese Arbeit schenkt mir Zufriedenheit. Hier darf ich ganz einfach ich selbst sein. Ich lerne gerade, was es bedeuten kann, sich ausruhen zu dürfen. Es gefällt mir sehr, trotzdem fällt es mir schwer, aber ich versuche es. Das tut gut. Meine persönliche Qualität, spontane und freudige Reaktionen zu zeigen, bleibt leider, gegenüber früher, eingeschränkt. Sprich, ich kann mich nicht mehr in jeder Situation über etwas so freuen, wie ich es vielleicht möchte. Es stört mich nicht mehr so sehr, spare ich doch meine Kraft wiederum für anderes.

Worüber wollte ich in diesem Buch Auskunft geben, wovon wollte ich berichten? Muss man Arm bleiben, nur weil man in die Armut hineingeboren wurde? Und wie fühlt es sich eigentlich an, arm zu sein? Kommt man da wieder heraus und wenn ja, wie? Der Weg daraus ist, freundlich umschrieben, schwierig und mit Stolperfallen gepflastert.

Davon wollte ich erzählen. Detailliert und unge-hemmt Auskunft darüber geben, auch klare und kritische Worte für das finden, was die Ge-sellschaft versäumt, wenn ein Kind in Deutsch-land verdeckt mit Sozialhilfe aufwachsen muss. Deswegen bin ich, auch für mich per-sönlich, so offen und ehrlich, schonungslos und schmerzvoll mit mir selbst, meiner Kind-heit und meiner Umwelt, mit diesen unge-wollten und doch aufgezwungenen Lebenser-fahrungen umgegangen.

Mein bisheriges Leben habe ich überpünktlich, überarbeitet und überängstlich gelebt.

Überpünktlich, vor lauter Angst, der letzte zu sein, überarbeitet, weil ich dachte, ich müsste immer mehr leisten, als alle anderen und überängstlich, da ich mich nie so richtig in Sicherheit wiegen konnte. Einen wichtigen Punkt möchte ich dennoch klarstellen: Für mich war die Sozialhilfe kein Segen, doch hat mir sie mir indirekt, über meine Mutter, gehol-fen, meinen eigenen Weg selbstverantwortlich gehen zu können. Dafür spüre ich tiefe Dank-barkeit.

Auch weiß ich, dass diese einzelne Biografie höchstens beispielhaft für so viele andere, unzählige und nicht aufgeschriebene, ähnliche Schicksale in der Bundesrepublik Deutschland stehen kann.

Mein eigenes Leben, zu Papier gebracht, wird daran nicht viel ändern können. Jedenfalls nicht im Großen. Vielleicht gibt es anderen eine Stimme und kann dazu anregen, in kleinen Schritten etwas verändern zu wollen; das wünsche ich diesem Motiv. Wenn ich jemanden damit nun etwas Mut machen konnte, weiterzugehen, nicht stehen zu bleiben, aus Fehlern zu lernen, wenn ich es geschafft haben sollte, ein wenig Zuversicht und Optimismus zu produzieren und wenn sich Menschen daran ein Beispiel nehmen wollten, es ebenfalls zu versuchen, ihr eigenes Glück finden zu wollen, dann wäre ich glücklich darüber. Dann hat diese, meine eigene aufgeschriebene Geschichte, ihren Sinn erfüllt.

Das war nun sozusagen mein bisher gelebtes Leben in einem Schnelldurchlauf. Auf ein paar Seiten, kurz und knapp; allerdings musste ich davon auch jeden einzelnen Tag persönlich ertragen. Geschehenes kann nicht mehr rückgängig gemacht werden, wie den berühmten, vergossenen Wein.

Aber loslassen können, das musste ich erst lernen und lange üben. Doch bleibe ich mit einem Schmerz zurück.

P.S.

Aktuelle Meldung (Auszug),
der epd (Evangelischer Pressedienst), vom
April 2022:

„Die Diakonie Deutschland befürchtet eine
weitere wachsende Armut. Zur Zeit leben in
Deutschland acht Millionen Menschen von
existenzsichernden Leistungen."

Aktuelle Meldung (Auszug),
der Hans-Böckler-Stiftung, vom April 2022:

„In Gelsenkirchen haben die Menschen bun-
desweit das niedrigste Einkommen. Die Hans-
Böckler-Stiftung hat die durchschnittlichen Ein-
künfte in Deutschland verglichen. In Gelsenkirchen liegt das verfügbare Einkommen bei
17.015 €. Im Bundesdurchschnitt liegt das verfügbare Pro-Kopf-Einkommen bei 23.706 €."

„Schreiben Sie es auf, Herr Bergmann, es wird Ihnen gut tun!"

Dieses Buch entstand gedanklich in der Zeit von 2007 - 2021, in Zusammenarbeit mit Herrn Dr. med. Christoph Tille-Raabe.
Diplom-Psychologe und Supervisor (DGSv), Facharzt für Psychosomatische Medizin und Psychotherapie,
Praxis für Psychosomatische Medizin und Psychotherapie in Wiesbaden.

(der Name „Fritz Bergmann" ist ein Pseudonym)

**Über sieben Brücken musst du geh'n,
sieben dunkle Jahre übersteh'n,
siebenmal wirst du die Asche sein,
aber einmal auch der helle Schein.**

Karat,
eine deutsche Rockgruppe,
Refrain vom Songtext,
„Über sieben Brücken musst du geh'n",
Deutsche Demokratische Republik (DDR),
1979

Danksagung

Der größte Dank gebührt einer Person, die mir die wichtigste Stütze, liebste Freundin, beste Zuhörerin und schärfste Kritikerin in meinem Leben ist; Meiner lieben Frau Sonja.

Danke an Herrn Dr. Christoph Tille-Raabe, Diplom-Psychologe und Supervisor (DGSv), Facharzt für Psychosomatische Medizin und Psychotherapie in Wiesbaden.

Danke an den novum-Verlag für Neuautoren in München, der mit dem Aussprechen seiner Empfehlung den Weg für dieses Buch geebnet hatte.

Danke an den united p.c. Verlag in Markt-kirchen im Burgenland in Österreich, der diesem Rat gefolgt ist und diese wahre Geschichte in seinem Programm aufgenommen hat.

Zu guter Letzt einen großen Dank an Dana Helga Polz aus Brachttal in Hessen; Meine Lektorin.

Ohne die tatkräftige Unterstützung und Hil-festellung aller aufgeführten Personen und Verlage wäre dieses Buch nicht entstanden.